FOOTBALL2017
LE LIVRE D'OR

Direction : Jean-Louis Hocq
Responsable d'édition : Jean-Philippe Bouchard
Assistants d'édition : Hugo Gadroy et Maxime Lafon
Création graphique et couverture : Thierry Sestier
Réalisation : Graph'M
Fabrication : Emmanuelle Laine

ISBN : 978-2-263-15077-7
Code éditeur : S15077
Dépôt légal : août 2017

Imprimé en France par Loire Offset Titoulet
Retrouvez-nous sur www.solar.fr

Solar | un département **place des éditeurs**

place
des
éditeurs

GÉRARD EJNÈS

FOOTBALL2017
LE LIVRE D'OR

SOLAR
EDITIONS

UNE SAISON SOMPTUEUSE

Le football demeure une formidable aventure collective. En fait, la clé du succès reste assez simple à définir : donner beaucoup à l'équipe pour recevoir, parfois beaucoup plus, en retour. Cette somptueuse saison 2016-2017 n'a fait que confirmer cette idée bien ancrée en moi. Me voici honoré d'un deuxième titre de champion d'Espagne, d'une deuxième Coupe du monde des clubs et d'une troisième Ligue des champions. J'ai conscience que beaucoup de joueurs de 24 ans aimeraient présenter pareil palmarès. En tout cas, j'aurais signé des deux mains pour présenter ce bilan, il y a six ans, quand le Real Madrid m'a fait l'honneur de m'accorder sa confiance, alors que mon expérience se limitait à quelques matchs de Ligue 1, avec Lens.

Je n'étais pourtant pas au mieux, au printemps 2016, quand une blessure m'avait privé à la fois de la finale de la Ligue des champions et de l'Euro en France. Construire une carrière nécessite de se fixer des objectifs et de se donner les moyens de les atteindre. Ma satisfaction, cette saison, ne se résume pas aux trophées que j'ai pu gagner. Ceux-ci sont la conséquence des efforts effectués au quotidien pour revenir au premier plan et accomplir une saison pleine, avec le soutien de Zinédine Zidane.

Quand on évoque le Real Madrid, on parle souvent des talents qui composent son effectif, moins du travail colossal fourni par l'ensemble du vestiaire pour rester au sommet. Ici, l'exigence est partout et elle est contagieuse. Depuis six ans, j'ai la chance de côtoyer au quotidien des joueurs hors normes, dont l'investissement dans leur métier est total. Si Cristiano Ronaldo maintient un niveau de performance aussi élevé, c'est tout sauf le fruit du hasard.

Une saison ne peut pas être parfaite. J'ai gardé un œil sur le championnat français et aurais bien entendu aimé voir le RC Lens retrouver l'élite. Mon club formateur, qui dégage toujours autant de passion, manque, je pense, à la Ligue 1. Un mot, enfin, pour terminer, sur cette équipe de France, qui me tient tant à cœur. Mon appétit, avec elle, est également immense et j'espère que la saison 2017-2018 me permettra de l'assouvir. Chez les Bleus, non plus, le talent ne manque pas. Je crois vraiment que nous avons les moyens, avec Didier Deschamps, de vivre de très belles émotions.

RAPHAËL VARANE

Fly
Emirates
adidas
RMC

LIVRE D'OR DU **FOOTBALL** 2017

SOMMAIRE

MBAPPÉ, QUELQUE CHOSE DE PELÉ

Immense révélation de la saison au niveau français et international à seulement 18 ans, le génial attaquant de Monaco a tout pour devenir l'un des meilleurs joueurs du monde. Et pourquoi pas le plus grand ?

Puisque sa trajectoire est stupéfiante et lumineuse, il faut avoir toutes les audaces au moment de se livrer au jeu forcément provocateur des comparaisons.

À qui fait penser Kylian Mbappé, cet adolescent débarqué sur la planète football avec la grâce diaphane d'un ange ailé ? Si l'on voulait rester dans le monde d'aujourd'hui, la tentation serait de répondre Lionel Messi, inventeur de l'impossible, ou Neymar, l'enchanteur dont chaque geste est une surprise. Mais c'est plutôt dans le passé qu'il faut se replonger, du côté d'une Coupe du monde d'un autre siècle. C'était en 1958, en Suède. Pelé ! Oui, Pelé, tombé du ciel du haut de ses moins de 18 ans, d'abord parce que la ressemblance physique est étonnante entre les deux adolescents venus rompre l'ordonnancement du monde convenu des adultes.

QUAND JE SORTAIS DE L'ÉCOLE, J'ALLAIS DIRECTEMENT AU STADE, SANS REMONTER CHEZ MOI.

Ils ont le même physique, le même visage rond, le même sourire, la même joie de jouer, la même impertinence joyeuse, la même gestuelle, la même souplesse naturelle, la même élégance, la même inventivité, la même magie, la même modestie et le même monde à leurs pieds.

DES STATISTIQUES DE FOLIE

Pour les mêmes qualités intrinsèques, le même palmarès, le même génie, il faudra encore attendre un peu, mais l'astre Mbappé est déjà éblouissant. Les chiffres sont là et ils ne trompent pas, qui font si bien ressortir l'individu dans le collectif. Jamais, car avec lui il faut souvent commencer les phrases par jamais, un joueur de 18 ans (il est né le 20 décembre 1998) n'avait inscrit 27 buts toutes compétitions confondues en une saison… qui fut en fait une grosse demi-saison. Jamais un joueur de cet âge n'avait inscrit 15 buts en une saison de Ligue 1. Jamais un joueur de cet âge n'avait inscrit deux triplés pour sa première saison (contre Rennes en Coupe de la Ligue et Metz en championnat). Jamais un joueur de cet âge n'avait inscrit 6 buts en une saison de Ligue des champions, la fameuse C1. Jamais un joueur de cet âge n'avait inscrit un doublé lors d'un match éliminatoire de C1 (c'était contre Dortmund en quart de finale). Jamais un joueur de cet âge (18 ans et 4 mois) n'avait atteint les quarts de finale de la C1. Henry et Messi avaient

Le 14 décembre 2016, en huitièmes de finale de la Coupe de la Ligue, Monaco inflige un cinglant 7-0 au Stade Rennais de Mexer. Kylian Mbappé inscrit un triplé ce jour-là.

20 ans quand ils y parvinrent, Ronaldo 22, Hazard 23. Neymar aurait pu nager dans les mêmes eaux, lui qui inscrivit son premier but en sélection brésilienne à 18 ans et 5 mois, avant de débarquer à Barcelone à 21 ans.

Mais surtout, fait incroyable, jamais avant lui un joueur n'était parvenu à marquer dans quatre matchs consécutifs de phase à élimination directe de C1. En inscrivant au moins un but lors des quatre matchs contre Dortmund en huitièmes et Manchester City en quarts, Kylian Mbappé a réussi ce que personne d'autre n'avait jamais réussi avant lui et cela hors de toute notion d'âge. Ni Di Stéfano, ni Gerd Müller, ni Keegan, ni Rummenigge, ni Platini, ni Maradona, ni Ronaldo le Brésilien, ni Chevtchenko, ni Messi, ni Ronaldo le Portugais, ni Neymar, ni Lewandowski. Personne. Pelé y serait peut-être parvenu, mais il jouait dans d'autres cours.

TROP PETIT POUR ÊTRE VRAI

Ainsi va Mbappé, à la vitesse de la lumière. « Je vis, je mange et je dors football », a-t-il dit un jour pour expliquer la relation fusionnelle et amoureuse avec le ballon de son cœur. Il en fut toujours ainsi pour le gamin de Bondy, en Seine-Saint-Denis, déposé par les fées sur la trajectoire de sa future gloire. Tout est supersonique dans son parcours commencé par d'interminables matchs à un contre un avec son « frère » aîné, Jirès Kembo-Ekoko (Wilfried, le père de Kylian, était le tuteur légal de Jirès, futur professionnel à Rennes), âgé pourtant de dix ans de plus que lui. Wilfried, qui entraîne les jeunes du club, regarde les deux gamins, le petit et le grand, depuis la fenêtre de son appartement qui donne sur le stade Léo-Lagrange. « Quand je sortais de l'école, située face au stade, avec le ballon dans le cartable, j'allais directement jouer sans même remonter chez moi », se souvient Kylian. Wilfried admire. Il comprend vite que c'est une pépite qu'il couve. « Lors d'un tournoi de dernière année de débutants à Auxerre, a-t-il raconté, autour du terrain tout le monde disait : "Non, non, ça ne va pas, il faut vérifier la licence. Vu ce qu'il fait, ce n'est pas possible qu'il évolue en débutants, il est trop au-dessus des autres." Pourtant, c'était le plus petit. Une fois qu'il est passé au foot à onze, on a eu la confirmation que c'était un très bon joueur. On l'a toujours surclassé et malgré tout il a continué à faire de grandes différences. »

La réputation du petit surdoué de Bondy attire très vite les regards en même temps qu'elle attise les convoitises. À 11 ans, il fait un essai à Chelsea. Mais il est trop jeune pour envisager un déracinement. À 14 ans, c'est le Real qui choisit de le tester. Entre-temps il a intégré l'INF Clairefontaine, où on le surnomme « Mbébé », pour parfaire sa formation. Le week-end, il joue avec Bondy.

À Dortmund, le 12 avril 2017, en quarts de finale de la Ligue des champions, Mbappé ouvre le score et la voie aux Monégasques qui s'imposent 3-2 avec un doublé de leur si précoce attaquant.

« Le Real, c'était le club de ses rêves, se souvient son père. On pensait qu'il souhaitait y signer, mais il nous a dit : "C'est vous qui choisissez. Moi, je voulais simplement voir si j'avais le niveau. Maintenant, je sais que je l'ai." » On a le droit d'être jeune et lucide.

IL SURVOLE SON EURO 2016

Mbappé n'ira pas au Real. Ni au PSG, ni à Liverpool, ni à Arsenal qui tentent de le séduire. « On a finalement choisi Monaco, explique Wilfried, parce que le projet nous convenait. Et puis il y avait au centre de formation des personnes qui étaient réceptives sans forcément aller toujours dans notre sens. » La contradiction est souvent source de progrès. Souleymane Camara, le formateur monégasque, qui a su convaincre la cellule familiale, gérer la star en herbe et attirer le joyau en Principauté, résume parfaitement Kylian : « Certains jouent pour la gloire, d'autres pour l'histoire, d'autres pour l'argent. Lui, c'est par passion. »

Et quand cette passion se met au service d'un talent inné, le résultat ne peut pas se faire attendre. Le 2 décembre 2015, Mbappé n'a pas encore 17 ans lorsqu'il effectue ses débuts en Ligue 1 lors d'un match contre Caen. Le 20 février 2016, il a pile 17 ans et 2 mois quand il inscrit son premier but en Ligue 1 contre Troyes, battant le record de précocité du club monégasque détenu par Thierry Henry, buteur à 17 ans et 8 mois. Un mois plus tard, il signe son premier contrat professionnel.

Chez les jeunes, il continue à évoluer avec de plus âgés que lui. Monaco lui doit une victoire en Coupe Gambardella (Coupe de France des juniors). Lors de la finale disputée contre Lens, au Stade de France en lever de rideau de celle des « adultes » entre le PSG et l'OM, il inscrit un doublé et offre une passe décisive (3-0). On n'a vu que lui.

Il n'a encore que 17 ans et, en juillet 2016, le voilà happé par l'équipe de France des 19 ans pour le championnat d'Europe. Il est le joueur majeur des Bleuets. Il prend le jeu à son compte, multiplie les exploits techniques, inscrit 5 buts et termine l'aventure titre en poche après un succès tranchant en finale contre l'Italie (4-0). « Il est déroutant, instinctif, il va très vite, il est efficace », constate l'entraîneur Ludovic Batelli bluffé par les prouesses de son attaquant.

UN RECORD RATÉ D'UN MOIS

C'est l'époque où celui-ci sent qu'il peut faire encore plus. Où naît une forme d'impatience qui serait insupportable chez d'autres joueurs de son âge, mais qui, cette fois-ci, coule de source. « Parfois, Leonardo Jardim est très dur avec moi, dit-il à l'issue de son formidable Euro. Il me demande de venir avec lui sur le bord du terrain et de regarder les grands s'entraîner alors que je suis professionnel comme eux. Il veut me piquer au vif, mais ce n'est pas facile à vivre. »

L'entraîneur monégasque polit son diamant. Pourtant, l'automne venu, on trépigne chez les Mbappé. « Sans être prétentieux, râle Wilfried dans les colonnes de *L'Équipe*, le 13 octobre, on ne comprend pas la gestion illisible de Kylian au regard des promesses de la direction qui étaient tout simplement de le faire jouer, d'entrer dans une rotation. Sinon, il ne serait pas resté. On ne s'attendait pas à ce qu'il devienne titulaire, on n'est pas bêtes. Mais on n'imaginait pas qu'il serait le sixième attaquant. Si c'était pour ça, on aurait mieux fait d'aller tout de suite dans un très grand club. »

Faut-il y voir un lien de cause à effet, toujours est-il que le 21 octobre Kylian est titulaire contre Montpellier en championnat. Il marque un but et offre une passe décisive. La machine est lancée. On connaît la suite. Ces actions sensationnelles, cette entente parfaite avec le buteur colombien Radamel Falcao, ces statistiques ébouriffantes, ces débuts éclatants en Ligue des champions, cette première sélection en équipe de France où il se sent tout de suite comme chez lui lorsque, le 26 mars, au Luxembourg, à 18 ans et 3 mois, il entre à la 78e (ratant au passage d'un mois le record de précocité du Lensois Maryan Wisniewski sélectionné à 18 ans et 2 mois en 1955), cette première titularisation en bleu, à 18 ans et 5 mois, contre l'Angleterre, le 13 juin 2017 (3-2), avec une première passe décisive et un tir sur la barre en attendant mieux et plus, car il est sans limites.

On le revoit encore, elfe insaisissable, s'amuser à coups de dribbles courts et de passements de jambes du défenseur lillois Béria, avant d'offrir à Bernardo Silva un but tout fait, le 100e de la saison de Monaco en Ligue 1. Et c'est lui, Mbappé, comme un merveilleux symbole qui inscrit contre Saint-Étienne le but qui offre officiellement le titre à l'ASM.

BENZEMA VOIT EN LUI UN « PHÉNOMÈNE »

Le lendemain, en compagnie de son vice-président Vadim Vasilyev, il est à Bondy, dans son club, parmi tous ces jeunes encore si proches de lui et dont il est déjà l'idole absolue, le modèle. « Personne ne peut comprendre l'émotion que je ressens aujourd'hui, déclare-t-il. Ce sentiment de fierté extrême. Ici, je ne suis pas Mbappé. Je suis juste Kylian. J'ai gardé les valeurs que l'on m'a inculquées. » Mbappé a la fidélité en bandoulière.

« S'il garde l'humilité qu'on lui connaît, s'il continue à travailler, je crois qu'il va toucher les étoiles », a dit de lui l'entraîneur Franck Passi. Karim Benzema a parlé d'un « phénomène ». Et son coéquipier monégasque Benjamin Mendy a lancé avec beaucoup d'humour : « Au moins, je pourrai dire à mes enfants que j'ai joué avec Kylian Mbappé avant ses douze Ballons d'or. »

Alors, Pelé ou pas Pelé, ce nouvel enfant roi ?

Le 20 février 2016, Kylian Mbappé vient de marquer son premier but en L1, dans le temps additionnel face à Troyes (3-1).

JEMERSON
5
23

LIGUE 1

DES PRINCES DEVENUS ROIS

C'est un double coup de tonnerre qui s'est abattu sur le championnat. Non seulement Monaco s'est emparé du titre promis au PSG, mais il l'a fait en proposant un spectacle enthousiasmant, comme jamais l'équipe parisienne n'en avait offert.

« Paris Saint-Germain ». « PSG ». « Paris SG ». Début août 2016, à la question : « Qui sera champion de France ? », les acteurs et les spectateurs du foot varient sur la forme, mais pas sur le fond. Le club parisien, qui vient de décrocher un quatrième titre successif avec 31 points d'avance, sera intouchable. Même sans Zlatan, parti outre-Manche.

Son nouvel entraîneur, l'Espagnol Unai Emery, vient de remporter trois Ligues Europa consécutives avec Séville. Son nouveau directeur du football, l'ex-star hollandaise Kluivert, apporte son aura. Hatem Ben Arfa, réinventé par Nice, va enfin s'épanouir au plus haut niveau. Jesé, en provenance du Real Madrid pour 25 M€, sera la doublure idéale de Cavani. Et si le club a dépensé 35 M€ pour faire venir Krychowiak de Séville, c'est forcément parce que c'est un cador. Paris est le favori, le seul, l'unique.

Rien à voir avec l'OM qui agite le microcosme en remplaçant son président Vincent Labrune par l'inconnu italo-suisse Giovanni Ciccolunghi (72 ans) et fait son marché en Angleterre en rapatriant Gomis (Swansea) et N'Jie (Tottenham). L'actionnaire Margarita Louis-Dreyfus laisse en outre planer les plus grands doutes quant à sa volonté de conserver le club entraîné par Franck Passi. De Monaco, on fait alors un simple outsider, même avec Falcao et Germain de retour de prêts. Certes, un gamin du club nommé Kylian Mbappé a illuminé l'été en conduisant l'équipe de France des moins de 19 ans au titre européen... mais il n'a que 17 ans.

LACAZETTE PIED AU PLANCHER

Le Trophée des champions ne fait que confirmer le sentiment profond. À Klagenfurt, en Autriche, le PSG donne la leçon à Lyon mené 4-0 en moins d'une heure, buts de Pastore (9e), Lucas (19e), Ben Arfa (34e) et Kurzawa (54e). La réduction du score par Tolisso (87e, 4-1) allège à peine l'addition. « On a été surclassés dans tous les domaines », concède l'entraîneur lyonnais Bruno Génésio. Emery lui donne le coup de pied de l'âne : « Beaucoup de mes joueurs n'étaient pas à leur meilleur niveau physique. »

C'est peut-être ce qui explique l'entame assez quelconque à Bastia où il faut attendre un but tardif de Kurzawa (74e, 1-0) pour façonner le succès parisien. « Face à des équipes offrant moins d'espaces que Lyon, je veux plus de contrôle », déclare Emery, partisan d'un jeu vertical et rapide, contrairement à son prédécesseur Laurent Blanc qui misait sur la possession de balle et la patience.

La joie des Monégasques qui viennent de remporter le huitième titre de champion de France de l'histoire du club.

Lacazette inscrit les deux buts du match contre Caen sur pénalty.

Contraint aux travaux forcés des tours qualificatifs de Ligue des champions, Monaco, sans Germain ni Falcao blessés, peine contre Guingamp à domicile. Menés 2-0, les hommes de Leonardo Jardim parviennent à égaliser (2-2) grâce à un penalty de Fabinho et un but de Bernardo Silva entré à la place de Mbappé blessé avant la mi-temps. L'OL – qui vient de céder pour 100 M€ 20 % de son capital à des investisseurs chinois et son défenseur Umtiti au Barça pour 25 millions – s'impose à Nancy (3-0, triplé de Lacazette) sur un score en trompe-l'œil. « On a beaucoup trop subi, dit Génésio. On a eu du mal à ressortir le ballon. » C'est toujours mieux que l'OM qui, dans une ambiance délétère, est accroché par Toulouse au stade Vélodrome (0-0) avec en milieu de terrain un capitaine nommé Diarra. Passi positive : « On a quand même vu une équipe sur le terrain et ce n'était pas évident avec douze joueurs partis. » Pour équilibrer ses comptes, l'OM n'a pas fait dans le détail.

La victoire de Nice sur Rennes (1-0, but du jeune défenseur Malang Sarr, 17 ans) passe inaperçue. Désormais entraîné par le Suisse Lucien Favre, qui a laissé une trace en Allemagne, le club azuréen semble avoir un profil « ventre mou du classement », même s'il recrute le défenseur brésilien Dante à Wolfsburg. Premier leader, l'OL tient péniblement son rang contre Caen (2-0) grâce à deux penaltys de son attaquant vedette Lacazette. Avec une attaque Jean-Cavaleiro-Boschilia, Monaco s'impose à Nantes sur un coup franc du dernier nommé (25e, 1-0). Tisserand, N'Doram, Diallo et Touré étaient également titulaires. Jardim a fait tourner son effectif entre deux matchs européens.

MONACO COMPLIQUE LA VIE D'EMERY

Comme l'OL, Paris réussit un doublé attendu contre Metz (3-0, buts de Lucas, Kurzawa et Verratti) avec un Cavani de retour et très maladroit. « Je ne suis pas inquiet pour lui car si on continue à se créer autant d'occasions, il marquera beaucoup de buts », prophétise Emery. La défaite de l'OM à Guingamp (2-1) est logique. Salibur a ouvert le score dès la 32e seconde. « Tout va très bien, ose Passi. Si on arrive à gagner un match, après ça va s'enchaîner. » Dans une ambiance de fin de règne alimentée par des rumeurs insistantes de revente du club, l'OM gagne enfin contre Lorient (2-0). « On a un bon groupe pour être performants », estime l'attaquant Cabella. Alors qu'il semblait dérouler à Dijon avec deux buts de Tolisso et Lacazette en première période, l'OL s'effondre après le repos. Bahamboula (73e) et Lees-Melou (88e, 4-2) punissent une formation méconnaissable. « On a bafoué notre football, râle le président Aulas. C'est trop gros pour être vrai. »

Mais la grande affaire de cette troisième journée est le premier choc de la saison entre Monaco et la PSG. Le Parisien Marco Verratti a tracé avec beaucoup de prudence les contours de l'affrontement : « L'an dernier, on était un peu comme une machine, mais c'est difficile d'être toujours concentré. C'est bien aussi de lutter pour la première place jusqu'à la fin, ça entretient la motivation. » Verratti est un devin. Au stade Louis-II, Paris prend une leçon. Moutinho ouvre le score (13e) et Fabinho double la mise sur penalty avant le repos (45e). Cavani réduit l'écart (63e) avant qu'Aurier ne mette fin au suspense en détournant dans son but un centre de Sidibé (80e, 3-1). « Mes joueurs ont fait un grand match, se réjouit Jardim. La tactique n'est pas importante. Ce qui compte, c'est l'attitude et le comportement, l'intensité, la dynamique, la capacité de presser l'adversaire, de faire bloc. » Bref, tout ce qui a manqué au PSG. « Je vais apprendre de ce match, dit Emery. Monaco est un concurrent pour le titre. »

LES DÉBUTS RÉUSSIS DE BALOTELLI

En cette fin du mois d'août, quand le mercato s'emballe, la plus grosse vente concerne l'OM, qui passe dans le giron du magnat américain Frank McCourt après vingt ans de règne Louis-Dreyfus. « Je veux une équipe qui vise le titre chaque saison », déclare le nouveau boss qui nomme Jacques-Henri Eyraud président délégué. Le rachat est estimé à 50 M€. Nice fait aussi beaucoup parler de lui en faisant signer in extremis l'attaquant de Kiev, et ancien de Montpellier champion 2011, Younès Belhanda. Plus fort encore, le fantasque et réputé incontrôlable Italien Mario Balotelli, en rupture de Liverpool, débarque sur la Côte d'Azur. Il marque d'emblée les esprits en inscrivant deux des trois buts de la victoire niçoise contre l'OM qui a fini par céder sur un tir lointain de Cyprien sur lequel le gardien Pelé s'est troué (87e, 3-2). « En m'entraînant bien je pourrais avoir le Ballon d'or dans deux ou trois ans », estime « Super Mario » dont la modestie n'a jamais été la qualité première.

Tout le contraire de Jardim qui reste loin de la réalité quand il déclare : « On joue bien » après un éclatant succès à Lille (4-1). Monaco joue plus que bien. « On a volé en éclats », reconnaît l'entraîneur lillois Antonetti. Paris joue beaucoup moins bien. Si Ben Arfa est titulaire pour la réception de Saint-Étienne, Emery l'a déjà rudement recadré : « J'attends qu'il soit moins personnel

Le recrutement du fantasque Italien Mario Balotelli par Nice était un pari. Il a plutôt bien fonctionné.

LES VERTS MIRACULÉS

Pour le compte de la sixième journée, Saint-Étienne est en déplacement à Nantes où en moins de vingt minutes, les vingt premières, il perd Pogba, Lemoine et Perrin (ci-dessus), tous blessés et remplacés. Pour embellir le tableau, six minutes après son entrée en jeu, Malcuit est expulsé (16e) et Nantes obtient un penalty que Sala rate (17e). Jusqu'au bout les Canaris se heurtent à une digue verte infranchissable (0-0). « Il y a ici une psychose qui dure depuis quelques années, se plaint l'entraîneur René Girard, déjà en conflit avec le président Kita. On la combat, mais ce n'est pas gagné. » Pour lui, c'est même déjà perdu.

et plus collectif. » Le process d'un long malentendu est en place. Ce Paris encore très fragile concède l'égalisation à Berić dans le temps additionnel (90e+2, 1-1). « Quand on change le coach et la philosophie de jeu, ça prend un peu de temps », estime Lucas. La greffe Emery est loin d'avoir pris. Génésio est également déboussolé après la défaite à domicile, la première au Parc OL, contre Bordeaux (3-1). Blessé, Lacazette n'a pas joué, Gonalons le capitaine a été expulsé et le coach déprime : « Ça va être dur de remonter les joueurs dans les prochains jours parce qu'ils sont vraiment touchés. » L'étape suivante conduit les Lyonnais à Marseille. « Ce sera du niveau Ligue des champions », affirme Génésio. Il a vu un peu grand. Un pâle 0-0 conclut un match à peine digne de la Ligue Europa.

Un point, c'est aussi ce que Nice ramène de Montpellier. Balotelli n'a pas joué et Boudebouz a égalisé en fin de match (85e, 1-1). Si la victoire de Monaco contre Rennes a été plus compliquée qu'il n'y paraît, Lemar ayant inscrit deux buts très tardifs (90e et 90e+2, 3-0), celle du PSG à Caen est flamboyante. Elle marque le grand réveil de Cavani qui inscrit quatre buts en première mi-temps avant de laisser sa place à Jesé pour la seconde période durant laquelle Lucas et Augustin alourdissent le score (6-0). Cavani se contente d'un seul but, sur penalty, lors du succès suivant du PSG à domicile contre Dijon (3-0). L'entraîneur des vaincus, Olivier Dall'Oglio, est lucide : « On venait pour apprendre et j'ai des garçons qui ont beaucoup appris. Ils ont pu voir tout ce qui les sépare du haut niveau. »

NICE TORTURE MONACO

Un haut niveau que tutoient les étonnants Niçois, eux qui pulvérisent Monaco (4-0, dont un doublé de Balotelli). Tout a souri aux Aiglons qui ont même raté un penalty. « En étant fair-play, on est obligés de dire que ce 4-0 est très sévère. Ça tient à peu de chose, ils nous ont dominés », reconnaît Favre. Dans cette sale affaire, Monaco a perdu Falcao, expédié à l'hôpital par le gardien Cardinale qui aurait mérité un carton rouge (45e). « On a perdu une petite bataille, mais la guerre est encore longue », déclare le défenseur monégasque Raggi. Nice prend la tête du classement avec 1 point d'avance sur le PSG et Monaco.

Pour l'OM, tous les combats sont compliqués. Menant 2-1 à Rennes, un doublé de Gomis, il perd Manach, expulsé (65e), et craque complètement en fin de match devant Grosicki (86e sur penalty) et Hunou (88e, 3-2). « Je suis en colère. On a offert cette victoire comme un cadeau à Rennes », lance Passi. Quant à l'OL, il semble dévoré par ses démons quand Montpellier ouvre le score par Sanson au Parc OL (4e). L'expulsion du défenseur Poaty (8e) change le cours des événements. Dans la foulée de

Un match en trompe-l'œil. Certes, Nice écrase Monaco (4-0) le 21 septembre 2016. Mais le début de la rencontre a été outrageusement dominé par les Monégasques.

Le 4 février 2017, lors de la 23e journée, cette fois, c'est Monaco qui prend le dessus sur Nice (3-0).

Edinson Cavani échappe au tacle du défenseur bordelais Nicolas Pallois, lors de PSG-Bordeaux (2-0, le 1er octobre 2016).

Fekir et Tolisso (deux buts chacun), il signe un éclatant réveil (5-1). Pour Paris, dont la fragilité affleure, rien n'est simple non plus. Plus encore que la défaite à Toulouse (2-0), c'est la manière qui pose question. Un penalty stupide, carton rouge à la clé pour Aurier (46e), a tout déclenché. « Après une telle défaite, tout le monde serait pessimiste, déclare Emery. Moi je suis optimiste, mais je reconnais que c'est un chemin difficile et long. » C'est la première fois qu'il exprime un véritable doute.

Avec de nombreux remplaçants, Monaco se défait péniblement d'Angers. C'est l'Angevin Nwakaeme qui inscrit contre son camp le but d'une cruelle défaite (77e, 2-1). « Il aurait pu y avoir 2-2 », concède Jardim. Pour l'OL, les montagnes russes se poursuivent. La défaite à Lorient (1-0) déprime le président Aulas : « Les joueurs m'ont vraiment déçu parce qu'ils n'étaient pas là. Il ne faut pas rester sur cette déception qui est immense. Il y a sûrement des réflexions à mener. » Sans Balotelli blessé, Nice s'impose à Nancy par un but d'écart (1-0, Pléa 60e), une marge qui va devenir sa marque de fabrique. « Heureusement qu'on ne gagne pas 4-0 chaque fois, sinon on s'endormirait », plaisante l'attaquant Eysseric.

TOULOUSE TOMBEUR DE GÉANTS

Quand il passe par la Lorraine, Monaco est moins parcimonieux. Sans Falcao blessé, il désintègre Metz (7-0). Silva tient le langage de la vérité : « Ce n'est que 3 points, mais on est là pour être premiers. » Paris n'a pas le même allant. Un doublé de Cavani, avec un superbe second but sur une talonnade « façon

Après avoir battu le PSG (2-0) deux semaines plus tôt, le TFC de Martin Braithwaite, auteur d'un doublé ce 14 octobre 2016, domine l'AS Monaco (3-1).

LUCAS
7
4

Les Parisiens ne sont pas sereins à Nancy, le 10 octobre 2016. Alou Diarra réduit même le score (2-1).

Madjer », lui permet de vaincre Bordeaux (2-0). « Au début, explique Matuidi, on cherchait à aller peut-être un peu trop vite vers l'avant. Ce soir on a été plus calmes, plus patients. » Une pierre dans le jardin d'Emery. Nice ne s'amuse pas pour écarter Lorient grâce à un but tardif de Balotelli (86e, 2-1), expulsé dans la foulée (90e+2) avant d'être blanchi par le rapport arbitral. « On a beaucoup défendu et c'était dur, avoue Favre, mais 20 points en huit matchs, c'est magnifique. » L'OM n'en compte que 9 après avoir concédé l'égalisation à Angers dans le temps additionnel. C'est Capelle qui a enfoncé le poignard (90e+3, 1-1). Lyon sort indemne du premier derby au Parc OL où il se débarrasse de Saint-Étienne grâce à des buts de Darder (41e) et Ghezzal (88e, 2-0). Mais l'affaire n'a pas été simple. « Entre la victoire, le nul et la défaite, il y a parfois une frontière infime », souffle Génésio soulagé.

La défaite qui suit à Nice (2-0) n'est pas infime, mais déprimante. Baysse a ouvert le score rapidement pour le leader (5e). Puis Fekir s'est fait expulser après avoir marché, sans doute involontairement, sur un bras adverse (28e). Ensuite, Lyon a peiné. « Oui, je suis inquiet, avoue Génésio. Si je ne l'étais pas, ça voudrait dire que je ne suis pas responsable. On doit faire mieux. » Monaco en tout cas ne fait pas mieux que le PSG en s'inclinant à son tour à Toulouse. Germain a ouvert le score puis les Monégasques ont craqué dans le dernier quart d'heure sur des buts de Trejo (75e) et Braithwaite (84e et 87e, 3-1).

À Nancy, le PSG finit par souffrir après la réduction du score de Diarra (55e, 2-1) alors qu'il avait semblé avoir tué le match d'entrée sur des buts de Lucas (13e) et Cavani (18e). « Mon équipe veut toujours voir le ballon dans les pieds, explique Emery, en alimentant le débat tactique interne. Il faut aussi savoir jouer de longs ballons. » À Marseille, c'est devant seulement 23 000 personnes que se dispute le dernier match non estampillé McCourt. Grâce à Gomis (13e, 1-0), les Olympiens viennent à bout de Metz.

C'est au Parc des Princes, et avec un nouvel entraîneur nommé Rudi Garcia arrivé trois jours plus tôt pour remplacer Passi, que débute l'ère américaine. Si le résultat est à la hauteur des espérances marseillaises (0-0), le spectacle est affligeant. « C'est un résultat positif, estime Garcia. On ne pouvait pas espérer mieux puisque nous n'avons pas tiré au but. Notre ambition est de finir européens. » Pendant ce temps, Nice caracole à Lille (4-2) et Monaco éparpille Montpellier (6-2). Les visiteurs ont résisté jusqu'à l'heure de jeu (2-2), avant de s'effondrer sur des buts de Jemerson, Germain, Lemar et Traoré qui succédaient à ceux de Falcao et Mbappé. À Monaco, tout le monde marque. Ça rigole beaucoup moins du côté de Lyon, une nouvelle fois puni chez lui par Guingamp (3-1). Après avoir ouvert le score, les Lyonnais

Alexandre Lacazette a retrouvé son meilleur niveau avec l'OL. Bilan : 28 buts, 3 passes décisives.

craquent en seconde mi-temps devant Salibur (46e) et Coco (52e, 77e). « On se fragilise, on n'ose plus, soupire Génésio. On est dans une situation très compliquée et très critique. »

GARCIA A DU PAIN SUR LA PLANCHE

L'entraîneur de Lorient, Sylvain Ripoll, n'est plus dans une situation critique. Après une nouvelle défaite à Dijon (1-0), il est licencié. Lorient est dernier avec 6 points, bien loin de l'étonnant leader niçois (26 points) qui devance Monaco de 4 unités, le PSG de 6, l'OL et l'OM de 13, alors que dix journées ont été disputées.

Face à de faibles Lillois, Paris bafouille et se contente d'une victoire a minima grâce à Cavani (65e, 1-0). L'OL retrouve un peu de vigueur pour s'imposer à Toulouse, une sorte de petit exploit, grâce à un doublé de Lacazette (2-1), ses 100e et 101e buts officiels sous le maillot lyonnais. « Bruno Génésio a trouvé des leviers et les joueurs ont été formidables », lance le cyclothymique président Aulas. Tandis que Monaco est freiné à Saint-Étienne (1-1), en dépit d'une belle prestation qui fait dire à l'entraîneur des Verts Christophe Galtier : « On ne pouvait pas faire mieux, Monaco est un concurrent au titre de champion », Nice continue son festival contre Nantes (4-1). Cyprien a marqué deux fois, Balotelli et Pléa une fois chacun. « Notre principal adversaire, c'est nous, estime le double buteur. On regardera peut-être le classement vers la 28e ou 30e journée et on fera alors des calculs. » Nice compte désormais 6 points d'avance sur Monaco et Paris.

L'OM, qui s'incline à Montpellier (3-1), ne baigne pas dans le même bonheur. « On avait raison de dire qu'il y avait du travail, commente Garcia. Notre plan de jeu a tenu cinq minutes. À la mi-temps j'aurais pu remplacer tout le monde. » « Concernant la manière, j'ai presque honte d'avoir gagné ce match, j'avais dit qu'on n'était pas guéris », déclare Génésio, lui aussi dépité, après le pénible succès de l'OL sur Bastia (2-1). Les Corses ont fini à neuf après les expulsions très sévères du gardien Leca (47e) et de Cahuzac (74e).

En éparpillant Nancy (6-0) et en accablant Rennes (4-0), Monaco et Paris montrent leurs muscles. Pour Jardim : « Le favori pour le titre, c'est le PSG. » Mais Mbappé le dément presque : « On essaie de ne pas se fixer de limites. » Histoire d'embellir le week-end des deux cadors, Nice s'incline pour la première fois de la saison à Caen sur un penalty de Santini (42e, 1-0). Les Aiglons ont la défaite amère. « On a perdu contre une équipe qui ne joue pas au foot, qui fait un autre sport », râle le gardien Cardinale. « Ils ont joué même pas comme une équipe de Ligue 2, mais de National », surenchérit Cyprien.

Avec un nouvel entraîneur nommé Bernard Casoni, Lorient s'incline logiquement à domicile contre Monaco (3-0). « On ne rencontrera pas toujours Monaco », explique, pragmatique, le nouvel arrivant. Paris a toujours autant de mal à trouver son rythme de croisière. Contre Nantes, Di María ouvre rapidement la marque (13e), mais le break survient sur le tard sur un penalty de Jesé (90e, 2-0). L'OM angoisse également, mais il finit par s'imposer contre Caen grâce à un but de son défenseur Rolando (81e, 1-0). C'est la première victoire du nouvel OM. « Même si on n'avait pas marqué, j'aurais été satisfait du contenu », déclare Garcia. À Lille qui galère, l'OL s'impose grâce à Cornet (3e, 1-0). Sur une banderole brandie par un supporter nordiste, on peut lire : « On veut des Dogues pas des chèvres. » Ce qui inspire ce commentaire mordant au président Seydoux : « Ce ne sont pas des chèvres, mais ils jouent comme des chèvres. » Les jours d'Antonetti sont comptés. Il sera viré quelques jours plus tard.

NANTES À LA DÉRIVE

Pour la sérénité, il faut se transporter à l'autre bout de la France. Nice revient de Saint-Étienne avec 3 points grâce à Eysseric (63e, 1-0) après avoir imposé sa domination technique. Favre est heureux : « Face à ce genre d'équipe, dit-il, il faut jouer, et jouer juste. Parfois, ce n'est pas facile. Nous, on se concentre sur le jeu. » Dans la foulée, Nice cale à domicile contre Bastia (1-1), dont le gardien Leca a été impeccable. Monaco profite du faux

Alassane Pléa, ici buteur contre Nantes (4-1), l'une des grandes satisfactions de la saison niçoise.

DUPE
30
ENERGIE
A LOIR

Le 21 janvier 2017, le PSG s'en va gagner à Nantes avec deux buts de Cavani (2-0).

pas de son voisin pour revenir à 1 point de lui au terme de son écrasante victoire contre un OM dépassé et déjà largement mené à la mi-temps grâce à un but de Boschilia (23e) et deux autres de Germain (29e et 39e). Carillo porte le coup de grâce en fin de rencontre (90e, 4-0). « Les Monégasques marqueraient les yeux bandés, souffle Garcia. On n'avait pas grand-chose à perdre à part prendre une volée, mais on leur a donné trop de munitions. » « Pour le titre, on ne va plus pouvoir se cacher », estime Germain.

Le choc de cette quatorzième journée se déroule à Lyon, où un PSG aux deux visages rafle la mise. Largement dominateurs en première période, mais inefficaces, en dehors d'un penalty de Cavani (30e), les Parisiens se font secouer après le repos et les entrées en jeu de Valbuena et Fekir. Valbuena égalise (48e) et c'est sur un contre magistral que Meunier offre à Cavani le but de la victoire (82e, 2-1). L'attaquant lyonnais Ghezzal parle d'une « défaite au goût amer ». « L'expérience a fait la différence », estime Matuidi. Avec un nouvel entraîneur nommé Patrick Collot, Lille renoue avec le succès contre Caen (4-2). En bas de tableau, Lorient respire également après sa victoire sur Rennes (2-1) qui agace au plus haut point l'entraîneur battu Christian Gourcuff : « On ne peut pas continuer comme ça. C'est insupportable. J'ai vu trop de suffisance et d'insuffisances. » René Girard pourrait tenir le même discours après la déroute à domicile contre Lyon (6-0), la plus large victoire des Lyonnais de leur histoire à l'extérieur. Les manifestations anti-président Kita et anti-Girard se sont multipliées. L'entraîneur est arrivé au bout de sa courte aventure. Il va être remplacé, momentanément, par Philippe Mao, responsable de l'équipe de CFA.

Comme souvent, Nice joue les gagne-petit à Guingamp où il s'impose grâce à un but de Belhanda (5e, 1-0). « Cette victoire ne tient à rien », dit Favre. Pas de victoire en revanche pour Monaco, freiné à Dijon par l'égalisation tardive de Sammaritano (87e, 1-1). « Il fallait être à 150 % », explique le buteur. Petit vainqueur d'Angers (2-0), Paris, toujours à 3 points des Niçois, en profite pour revenir à hauteur des Monégasques. Cavani a inscrit sur penalty son 100e but officiel sous le maillot parisien. Encore 56 et il rattrapera Zlatan.

PARIS FAIT NAUFRAGE

Après le match nul (0-0) concédé par ses Verts à l'OM, le président stéphanois Roland Romeyer n'y va pas de main morte. « On est nuls », s'exclame-t-il. Garcia trouve pour sa part que « l'OM est en nets progrès ». Progrès confirmés par la victoire qui suit contre Nancy (3-0). « Ça me plaît, mais il ne faut pas faire les montagnes russes », déclare le coach. Si un score identique plaît encore plus à l'entraîneur de Montpellier Frédéric Hantz, c'est parce qu'il a été obtenu contre le PSG. Avec un milieu de terrain Nkunku, Krychowiak, Matuidi, Paris fait eau de toutes parts. Lasne (42ᵉ), Skhiri (48ᵉ) et Boudebouz (80ᵉ) provoquent son naufrage. « On a fait un match vraiment très nul », lâche Lucas dépité. « Ce n'est pas une question de système ou d'équipe, mais de mentalité », estime Emery sans convaincre.

Jardim n'a pas les mêmes soucis. Monaco explose Bastia (5-0, dont un doublé de Falcao et un but de Mbappé). « On avait besoin d'un joueur comme Kylian pour donner de la profondeur », dit Jardim à propos de son joyau qui grandit à vue d'œil. En écartant aisément Toulouse (3-0), Nice profite à plein de la sortie de route parisienne. À Metz, l'OL est mené (1-0) quand quelques imbéciles jettent des pétards sur le gardien Lopes. Le match est arrêté. Il ne reprendra pas. « Je connais plutôt bien les règlements, on devrait gagner par pénalité », clame le président Aulas. Après des mois de procédure, le match sera finalement rejoué à huis clos. Avec son nouvel entraîneur, Lille s'impose à Bordeaux (1-0). Avec son nouvel entraîneur, Nantes s'incline à Guingamp (2-0). Le choc psychologique ne marche pas à tous les coups.

Monaco ne se pose pas tant de questions. Jardim est devenu le coach à la mode, loin de l'image qu'il véhiculait lors de son arrivée en Principauté. Ses joueurs se baladent à Bordeaux (4-0), triplé de Falcao à la clé, son premier en Ligue 1. Gourvennec s'incline : « On a été complètement dépassés par un Monaco très fort qui a mis des tartines à beaucoup d'équipes depuis le début de saison. C'est tombé sur nous aujourd'hui, ça tombera sur d'autres demain. » Plus modestement, l'OM, vainqueur à Dijon grâce à Lopes (6ᵉ) et Gomis (87ᵉ, 2-1), poursuit sa remontée au classement. L'OL souffre pour se débarrasser de Rennes (1-0) avec ce commentaire final de Ghezzal : « On a fait clairement un match de merde. » Le grand choc de cette dix-septième journée oppose l'euphorique Nice au catastrophique Paris. À la mi-temps, les Parisiens sont menés 2-0. Nice a été complètement dominé, mais efficace. Un coup franc de Cyprien (32ᵉ) et une pichenette de Pléa (45ᵉ+3) ont assommé le Parc des Princes. Coupable sur le second but, Areola vient d'encaisser sept buts sur les sept derniers tirs cadrés qui lui ont été adressés.

À la reprise, Cavani sonne la révolte. Il réduit le score (46ᵉ) avant de profiter d'une sortie totalement ratée du gardien Cardinale pour relancer les siens (60ᵉ, 2-2). Malgré tous ses efforts, le PSG bute sur ce nouveau rival. « On est un peu déçus dans la mesure où l'on menait 2-0, mais on a tellement souffert en début de match. Faire 2-2 au Parc, c'est pas mal », déclare Favre. Emery fait bonne figure : « Ce n'est pas un bon résultat, mais j'ai vu beaucoup de bonnes choses dont je suis très content. » On l'a compris, Paris n'est pas guéri.

PARIS CRISE, NICE SE FRISE

Le déplacement qui suit, à Guingamp, est un nouveau désastre. « Je suis content du jeu proposé, on aurait mérité de gagner. » Emery se fiche un peu du monde après coup en parlant ainsi. Salibur (66ᵉ) et De Pauw (70ᵉ) ont transpercé la défense parisienne avant la réduction du score de Cavani (80ᵉ). Verratti ne fuit pas la cruelle réalité : « Il y a quelque chose qui ne va pas bien. Pour nous, c'est la crise. On commence le match comme si on avait déjà gagné. Le foot, ce n'est pas ça. L'an dernier, on gagnait parce qu'on était à 100 %. »

Nice ne connaît pas la crise. Tout lui sourit. Pour battre Dijon, il profite d'un penalty de Balotelli puis d'un but à l'évidence hors jeu de l'Italien (2-1). « Avec 7 points d'avance sur Paris on est sauvés comme dirait Guy Roux », se réjouit Favre. Nice est d'ores et déjà sacré champion d'automne car sur son terrain Monaco

LE COUP DE SANG DE VASILYEV

Le président délégué de Monaco Vadim Vasilyev ne digère pas la défaite des siens à domicile contre Lyon et notamment un penalty évident refusé à son équipe. En salle de presse, il se fend d'une sortie inhabituelle qui fait du bruit : « L'OL est favorisé par l'arbitrage. Je dis tout haut ce que tout le monde pense tout bas. On n'a pas d'avenir footballistique si les choses continuent comme ça. » « Il a déraillé, je suis choqué, réplique le président Aulas qui n'aime rien tant que les conflits. C'est comme un coup de poignard dans le dos. » Réponse de Vasilyev : « Tout le monde connaît ce climat, je ne vois pas pourquoi je m'excuserais. » Fermez le ban.

Mis en concurrence en début de saison, Thiago Motta, ici aux prises avec l'attaquant guingampais Yannis Salibur, a vite récupéré une place de titulaire indiscutable avec le PSG.

Bonne pioche pour Paris. Julian Draxler (ici lors de la victoire parisienne à Rennes, le 14 janvier 2017, 1-0) s'est intégré à la vitesse d'un dragster.

dérape contre un OL ressuscité. Ghezzal ouvre le score (29e), Valbuena creuse l'écart (65e) que Bakayoko réduit (70e) avant le coup de grâce signé Lacazette (87e, 3-1). À cela, il faut ajouter l'expulsion de Mendy (39e), une main oubliée de Tousart synonyme d'évident penalty non sifflé pour Monaco (49e), qui provoquera la colère du vice-président Vasilyev (voir encadré) et un véritable penalty raté par Lacazette (55e).

Cette dix-huitième journée ne manque pas de piquant. Avec un nouvel entraîneur portugais nommé Sergio Conceiçao, Nantes retrouve la voie du succès à Angers (2-0). Saint-Étienne se présente à Lorient sans son gardien Ruffier, blessé. Il est remplacé par Moulin qui se fait expulser (13e). Remplaçant du remplaçant, le jeune Maisonnial (19 ans) se défend comme un diable, mais à dix contre onze les Verts s'inclinent (2-1). Quant à Gourvennec, il est acide après la défaite de ses Bordelais à Montpellier (4-0) : « Moi, à 44 ans, je peux encore jouer si on me laisse deux ou trois mètres pour faire des centres. » Pour la dernière levée de l'année, Bordeaux serre sa garde et contient Nice (0-0). Balotelli et Belhanda se font expulser très sévèrement dans les derniers instants du match.

Face à de très faibles Lorientais, Paris retrouve de la vigueur (5-0). Monaco profite d'un penalty extrêmement généreux pour ouvrir le score par Falcao contre Caen (48e). Avant le match, l'entraîneur de Caen Patrice Garande craignait l'effet Vasilyev : « Je pense qu'on jouera haut sinon le premier qui va tomber dans notre surface obtiendra un penalty. » Pas mal vu. Bakayoko assure le petit succès monégasque (76e, 2-1).

Les Olympiques finissent bien l'année. L'OM s'impose à Bastia (2-1). Entré à la 89e N'Jie inscrit le but décisif deux minutes plus tard. Et l'OL bat Angers grâce à Lacazette (9e) et Fekir (84e, 2-0). « J'espère que notre belle série va se poursuivre en 2017, déclare Génésio. On revient dans la course aux trois premières places. » Avec un match de retard, Lyon campe à 5 points du PSG, 7 de Monaco et 10 de Nice.

DRAXLER, PAYET ET QUELQUES AUTRES

Le mois de janvier n'est pas seulement celui de la reprise. C'est aussi la période du mercato d'hiver. Au fil des jours, on verra l'Allemand Draxler débarquer à Paris pour 36 M€, bientôt suivi par l'inconnu portugais Guedes (20 ans), acheté 30 millions à Benfica, Jesé partir à Las Palmas, Depay quitter Manchester United pour Lyon contre 16 M€. Mais c'est l'OM qui fait le plus d'efforts en rapatriant Dimitri Payet de West Ham pour 29 M€, sans oublier l'arrivée du Montpelliérain Samson pour 9 M€ puis celle de Patrice Evra, devenu remplaçant à la Juventus. Au total, les clubs de Ligue vont dépenser 165 M€ pour recruter et vendre pour seulement 30 M€. Une grande première.

Avec la fin de l'effet miroir entre les matchs aller et retour, l'OM a l'occasion de marquer les esprits dès la reprise en accueillant Monaco. « Ce sera un tout autre match », déclare le défenseur Fanni en référence à l'aller (4-0). À l'arrivée, avec notamment deux buts du magnifique Bernardo Silva, l'OM, sans ses recrues, prend une nouvelle rouste (4-1). Garcia se voile la face : « Monaco est une formidable équipe, mais elle a été involontairement aidée par le corps arbitral. J'ai un sentiment d'injustice très fort. » Certes, un but valable a été refusé à Gomis (24), mais à cet instant Monaco menait déjà 2-0 et entre le but de Rolando (28e) et une frappe de Gomis (89e), les Marseillais, étouffés, n'ont pas tiré une seule fois au but.

À Rennes, Draxler justifie d'emblée son arrivée en inscrivant l'unique but de la victoire du PSG (39e, 1-0). La seconde période a

été pénible pour les Parisiens. « On ne peut pas prendre des risques comme ça en ne jouant pas », râle Thiago Silva. Sur une pelouse pourrie qui ne favorise pas son jeu, le leader niçois fait un petit cadeau à ses rivaux en calant contre Metz (0-0) à domicile. « Ce sont des matchs à gagner pour prétendre au podium ou aux places européennes », regrette le milieu de terrain Koziello.

Il aurait pu tenir le même discours s'il avait joué à Lyon car l'OL s'incline à Caen (3-2). « On est souvent en difficulté contre des équipes qui jouent le maintien, regrette Génésio. On a bafoué certains fondamentaux. » Le match en retard remporté par Nantes contre Caen (1-0) équivaut à un quatrième succès consécutif pour les Canaris relancés par l'arrivée du bouillant Conceiçao. Mais la marche suivante est trop haute. Le PSG s'impose à la Beaujoire sur un doublé de Cavani (21e et 65e, 2-0). « Ils ont joué ensemble », déclare Emery ravi. Le Paris 2017 offre un nouveau visage et il sourit en constatant que Nice, décimé par les blessures, coince de nouveau à Bastia où, en dépit de la traditionnelle expulsion du capitaine corse Cahuzac (64e), il est tenu en échec (1-1). « On se focalise trop sur le fait qu'il faille gagner alors qu'il faut d'abord penser à jouer », regrette Favre.

LA SALE JOURNÉE DE ROUSSELOT

C'est la foudre qui s'abat ce jour-là, samedi 18 mars, sur le président de Nancy Jacques Rousselot. Battu le matin par Noël Le Graët lors de l'élection à la présidence de la Fédération française, il assiste impuissant dans la soirée au naufrage des siens battus (3-2) à domicile par Lorient après avoir mené 2-0. Rousselot évoque « une journée de merde ». « Cela faisait longtemps que je n'avais pas piqué une telle colère dans un vestiaire, ajoute-t-il. Les joueurs ont lâché. Je leur ai dit, excusez-moi du langage, qu'il s'agissait d'une bande de petits cons. »

Saison pleine avec l'OM pour Bafetimbi Gomis (ici double buteur à Rennes lors de la défaite de Marseille 2-3, le 21 septembre 2016), auteur de 20 buts en championnat.

GOMIS DÉPASSE ZLATAN

À peine sorti de la moulinette monégasque, l'OM, toujours sans Payet, prend la route escarpée de Lyon et part dans le ravin (3-1). Valbuena ouvre le score (43e), son cinquième but de la saison, record déjà égalé pour lui, Lacazette réussit un doublé (62e et 75e), et le but de Doria (67e) n'est qu'un sparadrap sur une jambe de bois. Génésio rappelle l'objectif des siens : « Le podium. » Pour les Monégasques, ce podium est déjà une quasi-évidence. Avec deux doublés de Boschilia et Germain, ils effectuent une nouvelle promenade de santé contre Lorient (4-0) et prennent la tête du classement. Ils ont déjà inscrit 64 buts en 21 matchs. Ils possèdent 2 points d'avance sur Nice et 3 sur le PSG. L'OL est à 11 points (avec un match de retard), Saint-Étienne et l'OM à 18 points. Marseille, qui a mangé son pain noir, respire mieux contre Montpellier (5-1), grâce notamment à Gomis, auteur d'un triplé qui lui permet d'atteindre le total de 115 buts en Ligue 1, deux de plus que l'immense Zlatan. « On recherchait notre match référence, c'est désormais chose faite », clame le triple buteur. « Très clairement, on va jouer le maintien », soupire Hantz. Ce sera sans lui. Le président Nicollin vire son entraîneur et le remplace par une figure du cru, Jean-Louis Gasset, ex-adjoint de Laurent Blanc à Paris.

À Lyon, on ne parle que de la malédiction des matchs du samedi à 17 heures après le revers inattendu au Parc OL contre Lille sur deux buts de l'ancien de la maison, Benzia. Sur leurs sept défaites de la saison, les Lyonnais en ont concédé six sur ce créneau horaire. Valbuena a raté une immense balle d'égalisation en seconde période (71e). « Miraculeux », estimera Collot. Pour ne rien arranger, c'est ce même Valbuena qui commet la faute du penalty décisif transformé par Benzia (80e) avant l'inutile penalty de Lacazette (86e, 2-1). Il y a des jours comme ça…

Énorme retour à Monaco après un prêt raté d'un an à Chelsea pour Radamel Falcao. Le Colombien a inscrit 21 buts et délivré 5 passes décisives en L1.

Nice est autrement plus solide. Même quand il souffre, il gagne. Guingamp peut en témoigner, qui s'incline à l'Allianz Arena (3-1) après avoir fait très bonne figure. « Tous les matchs sont pénibles. On n'était pas dans un jour exceptionnel », concède Favre. Ce week-end-là, tous les regards sont tournés vers le Parc des Princes, où le PSG, sans Verratti, blessé, reçoit Monaco. « On n'est plus la même équipe qu'au match aller, a prévenu Emery. Nous avons travaillé, progressé, corrigé ce qui n'allait pas bien. C'est une bonne occasion pour le prouver. » Face à son assurance, une statistique effrayante : lors des quatorze derniers affrontements en Ligue 1 entre les deux clubs, Paris n'a gagné qu'une seule fois pour huit nuls et cinq défaites.

Très joueurs, les visiteurs posent leur empreinte sur la première période. Paris est sur le qui-vive sans être vraiment menacé. Les occasions sont rares. Entré à la place de Trapp, blessé (54e), Areola n'a pas grand-chose à faire. Subasic non plus, sauf qu'il est impuissant sur le penalty transformé par Cavani après une légère faute de Sidibé sur Draxler (81e). Paris croit tenir sa victoire quand, dans le temps additionnel, Areola concède stupidement un corner. Petite cause grand effet. Au bout d'une action frappée d'une grande fébrilité parisienne, Bernardo Silva frappe de 20 mètres et trompe Areola peu fiable sur ce coup-là (90e+2, 1-1). « Le nul est équitable, on n'a pas fait un grand match », reconnaît Matuidi. Pour Monaco, ce point vaut presque une victoire. « On a eu la réaction d'un premier du championnat à quinze journées de la fin », dit Germain. Rejoint par Nice en tête du classement, Monaco conserve ses 3 points d'avance sur Paris.

FALCAO LA FOUDRE

C'est la période des revanches. Rentré indemne de la capitale, Monaco reçoit maintenant Nice qui l'a étrillé au match aller (4-0). Dante est méfiant : « À l'aller, Monaco n'était pas au même niveau que maintenant. » La réponse est effectivement cinglante. Après une première mi-temps équilibrée, l'artillerie monégasque fait feu. Un but de Germain (47e) et un doublé de Falcao (60e et 81e, 3-0) foudroient les Niçois. Monaco a déjà inscrit 100 buts toutes compétitions confondues depuis le début de saison, record d'Europe. Jardim préfère nier officiellement l'évidence : « Avec ses quatre titres d'affilée, Paris demeure favori. » Tous les faits disent le contraire, même si les Parisiens gardent le contact après leur succès à Dijon où ils ont attendu la toute fin de match pour faire la différence par Thiago Silva (81e) et Cavani (84e, 3-1). Thiago Motta voit le verre à moitié plein : « Monaco n'est pas habitué à être premier. On va voir s'il sait supporter la pression. »

Transféré de Reims à l'été 2016, Nicolas de Préville s'est bien adapté à Lille, réussissant la meilleure saison de sa carrière avec 14 buts inscrits en L1.

À l'étage inférieur, Lyon cède trop facilement dans le derby contre Saint-Étienne. Monnet Paquet (9e) et Hamouma (22e, 2-0) règlent rapidement l'affaire. La fin de match est irrespirable. Entré à la 87e, Lemoine est victime d'agressions à répétition qui provoquent les expulsions de Ghezzal (90e+2) et Tolisso (90e+3). Écœuré, le milieu de terrain choisit de quitter le terrain. Génésio est dépité : « C'est un comportement indigne d'un derby. Je ne m'explique pas la nervosité de mes joueurs. Enfin si, il y a un joueur qui est entré et qui a très bien tenu son rôle. » Galtier riposte du tac au tac : « Fabien Lemoine est rentré directement au vestiaire en disant que s'il jouait au foot pour se faire casser la jambe, ce n'était pas la peine. »

Loin de cette sale atmosphère, Gasset remporte sa première victoire contre Bastia (2-1) et l'OM cale à Metz sur un coup franc de Jouffre (82e, 1-0). Quant à Conceiçao, il découvre à ses dépens les joies de la Ligue 1 lors d'une défaite de Nantes à Nancy (2-0), en permanence sur la défensive. « Pour moi, ce n'est pas du foot, dit-il, mais il faut le respecter. Ils ont gagné et ont raison. Je vois qu'ici en France, c'est une stratégie. » Ce n'est pas en jouant bien que le PSG bat Lille. Après l'ouverture du score de Cavani (70e), il lui faut un but à l'évidence hors jeu de Lucas dans le temps additionnel (90e+2, 2-1) pour venir à bout de Lille qui vient d'égaliser sur une énorme bourde d'Areola. Le gardien parisien a raté un dribble et offert le ballon à de Préville (86e). C'est également sur le fil que Monaco repart victorieux de Montpellier. Glik (16e) et Mbappé (20e) ont fait le job en début de rencontre, Hilton a réduit la marque (47e, 2-1). « On était tellement fatigués qu'on a eu du mal à faire le cri de guerre », raconte Sidibé. Jardim est lucide : « Le foot, ce n'est pas gagner toujours 4-0. C'est aussi défendre des points et c'est dans ces moments-là que tu démontres que ton ambition est forte. »

Celle de Nice n'est pas moindre. Les Aiglons battent Saint-Étienne grâce à Cyprien (7e, 1-0). L'écart est faible, mais Favre est content : « Là, on a joué au foot et c'était joli à voir depuis le banc. » La vie de l'OL est définitivement faite de hauts et de bas. Valbuena est blessé lorsqu'il ouvre le score contre Nancy avant de quitter le terrain (40e). Ensuite, Lyon déroule (4-0). Mais Lacazette, qui a évoqué dans les jours précédents un possible départ en fin de saison, a été sifflé. « C'est inacceptable », tonne le capitaine Gonalons. « Il est détruit psychologiquement », se désole l'excessif président Aulas. OM-Guingamp n'est pas seulement l'occasion d'admirer Payet asseoir la victoire des siens (76e, 2-0). C'est aussi la dernière apparition de Lassana Diarra, entré à la 88e, sous le maillot blanc après une trop longue période de conflit larvé.

Avant de se rendre à Barcelone pour vivre l'une des pires soirées de son histoire, le PSG croit se rassurer en déroulant à

Un doublé pour Corentin Tolisso, lors de la victoire de l'OL sur Dijon (4-2), le 19 février.

Bordeaux. Cavani (6e et 47e) et Di María ont été les buteurs du soir (3-0). Gourvennec est subjugué : « On a été confrontés à une équipe très talentueuse avec le niveau Ligue des champions. » Ce niveau, Monaco le possède à coup sûr. Il inflige une nouvelle rouste à Metz, son hôte du jour (5-0). La star montante Mbappé a réussi son premier triplé en Ligue 1 et Falcao y est allé de son doublé. « Je ne suis pas encore un phénomène, dit modestement le héros du jour. Les phénomènes, ce sont Messi, Ronaldo et Neymar. J'en suis encore loin. » Tout indique cependant qu'il marche sur leurs traces.

Rennes croit bien avoir fait la peau de Nice qu'il domine largement en première mi-temps avec des buts d'Amalfitano (7e) et de Sio (21e). Mais les Aiglons reviennent à hauteur (59e) grâce à Dionis, un attaquant grec de 20 ans prêté par la Juventus à la trêve, puis Eysseric égalise (81e, 2-2). Mais Pléa est sorti, victime d'une grave blessure au genou. Sa saison est terminée. « On s'est fait presser comme des citrons, dit Favre. On a trop vite joué petit. Je regarde le classement et je regarde le mieux possible. Le mieux possible, pas plus haut. » Nice est désormais troisième à 5 points de Monaco et à 2 du PSG, mais 13 points devant l'OL qui vient de s'incliner une nouvelle fois, à Guingamp (2-1).

L'OM est encore très irrégulier. Il dévisse d'entrée à Nantes sur des buts de Diego Carlos (12e) et Stepinski (20e). Garcia remplace Lopez et Cabella par Anguissa et Thauvin dès la demi-heure de jeu. Sans pouvoir complètement inverser le cours des événements (3-2). « J'aurais pu aussi sortir les neuf autres, dira-t-il. C'est incroyable ce manque d'engagement de notre part en première période. C'était horrible et inadmissible. » La défaite à domicile de Lille contre Angers (2-1) semble également inadmissible au président Lopez, qui se débarrasse de son entraîneur Collot remplacé par l'ancien Marseillais Franck Passi qui devient le troisième coach nordiste de la saison. En attendant l'incroyable nomination pour l'exercice suivant de Marcelo Bielsa.

LE GRAND RETOUR DE LE BIHAN

Pour son premier match, l'ex-adjoint de Bielsa à l'OM réussit un joli coup à Caen. El Ghazi marque le but victorieux (69e, 1-0) alors que son équipe joue à dix à la suite de l'expulsion de Soumaoro (63e). Pour une fois, aucun joueur bastiais ne se fait expulser, ce qui permet à l'équipe corse de réussir une jolie performance contre Monaco. Après le but de Diallo (19e), Bernardo Silva égalise d'une tête croisée (52e, 1-1). Ballotté en première mi-temps, Monaco a dominé la seconde. « À la mi-temps, on s'est parlé et on a changé deux-trois choses, explique Jardim. On n'a pas vraiment été récompensés. C'est le foot, on a perdu 2 points. »

Nice en profite par le biais de son succès à Lorient. Cyprien a marqué (15ᵉ, 1-0), Balotelli a été expulsé (68ᵉ) pour avoir mal parlé à l'arbitre, et Cardinale a dû effectuer trois formidables sauvetages pour préserver la victoire. La routine en somme. « On a puisé dans les énergies pour tenir, souffle Favre. Ce genre de succès est bon à prendre. » En revanche, Paris ne profite pas du faux pas monégasque. Quatre jours après avoir pulvérisé le Barça (4-0), il bute sur Toulouse au Parc des Princes (0-0). Il a eu 77 % de possession de balle, mais n'a cadré que trois tirs. « On a un peu manqué d'engagement, d'envie et d'énergie », regrette Emery.

Contre Dijon, l'OL tire 33 fois au but. Mais à 10 minutes de la fin, il est mené 2-1. Après l'égalisation de Tolisso (80ᵉ), auteur d'un doublé, il faut un penalty extraordinairement généreux et transformé par Lacazette, son onzième de la saison, pour inverser le cours des événements (4-2). Le Dijonnais Balmont est furieux : « On se fait entuber à chaque match. Si on veut qu'on redescende en Ligue 2, on va redescendre. À un moment, c'est bon. »

À 3 points de Monaco, Nice est revenu à hauteur du PSG. Contre Montpellier, sans Balotelli ni Pléa, il joue une partition extrêmement classique en concédant l'ouverture du score à Mounié (9ᵉ), avant de retourner la situation en seconde période grâce au revenant Mickaël Le Bihan, de retour à la 60ᵉ après dix-sept mois d'absence. Acheté 2 M€ au Havre en 2015, il justifie enfin ce transfert en moins de 30 minutes, le temps de marquer deux fois (68ᵉ et 85ᵉ, 2-1). « C'est la délivrance, jubile Le Bihan. Sur le premier but, je ne savais pas où aller pour exprimer ma joie. J'en rêvais depuis longtemps. Il n'y a rien de plus beau. »

« Ils devront avoir envie de mourir l'un pour l'autre, déclare Garcia avant OM-PSG. Si ça se passe ainsi, on sera difficile à bouger. » Devant un stade Vélodrome bondé et tétanisé, ça ne va pas du tout se passer ainsi pour Marseille qui prend une cruelle leçon. Même sans Di María et Draxler relégués sur le banc, Paris cartonne. Marquinhos (6ᵉ), Cavani (16ᵉ), Lucas (50ᵉ), Draxler (61ᵉ) et Matuidi (72ᵉ, 5-1) sont les buteurs d'une superbe démonstration. Garcia évoque « une énorme déception » et ajoute : « On n'a pas été à la hauteur. On a été trop passifs, trop naïfs. On a pris une bonne claque. Parfois, ce n'est pas plus mal. » Emery reste modeste : « On a maîtrisé comme nous le voulions. »

CAHUZAC DE PLUS EN PLUS ROUGE

Monaco maîtrise aussi à Guingamp, même si le score final est étriqué. « On est tombés face à un mur », analyse Kombouaré. Glik (24ᵉ) et Fabinho (87ᵉ sur penalty) sont les buteurs du jour. Didot a réduit le score (90ᵉ, 2-1). Les Verts traversent une pénible saison. Après la défaite à domicile contre Caen (1-0), Galtier ironise : « Il me tarde d'avoir 45 points pour me maintenir. » Saint-Étienne n'en a que 39 à onze journées du terme.

Un peu partout, c'est l'heure des comptes. Après une nouvelle défaite à Angers (3-0), avec au passage la traditionnelle expulsion de Cahuzac, la troisième en quatre rencontres et la quinzième de sa carrière, le coach Ciccolini est prié de céder la place au Portugais Rui Almeida, viré par le Red Star trois mois plus tôt. Un match en retard contre Nantes et le premier du nouveau coach qui assiste médusé à l'expulsion rapide de son défenseur Djiku (10ᵉ). Pourtant, Bastia mène 2-0 avant de se faire rejoindre sur des buts de Sala (78ᵉ) et Diego Carlos (90ᵉ+2, 2-2). La fin est très houleuse, marquée par des incidents avec des supporters.

À une autre altitude, le défenseur Meunier explique avant PSG-Nancy qu'il « faut un but pour débloquer ce genre de match ». Ce but, c'est le Nancéien Busin qui manque de l'inscrire quand son tir frappe les deux poteaux de Trapp (75ᵉ) avant de fuir le cadre. Paris a déjà la tête à Barcelone et s'en sort sur un penalty terriblement sévère accordé à Aurier et transformé par Cavani (80ᵉ, 1-0). À Dijon, Nice s'impose évidemment sur le même score, un but de Cyprien à l'issue d'un superbe mouvement collectif (69ᵉ, 1-0). « Cette fin de saison ne sera que du bonheur », se réjouit l'attaquant Eysseric. Pareil pour Monaco qui passe Nantes à la moulinette (4-0, dont un doublé de Mbappé). Le jeune prodige vient de marquer lors de ses six dernières titularisations en Ligue 1. Le Nantais Gillet est bluffé : « Ils réussissent tout ce qu'ils entreprennent. On a pris le tarif maison. C'est le même calvaire pour toutes les équipes. Monaco est plus fort que Paris. »

Et l'OM est, pour l'instant, plus fort que Bordeaux, qu'il double à la faveur de son large succès à Lorient (4-1) pour s'emparer d'une cinquième place qui sent bon l'Europe. L'OM s'accroche à son os en battant sèchement Angers (3-0, un doublé de Thauvin). Garcia parle « du pari de la technique et de la vivacité contre la force ». Tout là-haut, Nice frôle la catastrophe à domicile contre Caen. Mené 2-0

Un retour en France concluant pour Florian Thauvin qui est monté en puissance tout au long de la saison, disputant tous les matchs.

à la 50e, il perd dans la foulée Cyprien, touché au genou (57e). La saison du précieux milieu de terrain est terminée. Il faut beaucoup de force de caractère aux Aiglons pour arracher le match nul grâce à Balotelli (72e) et Donis (77e, 2-2). « On est très contents, relativise Favre. Une défaite 2-0 à domicile, je peux vous dire que c'est difficile de s'en remettre. »

L'INCROYABLE LOB DE DEPAY

L'occasion est belle pour les deux cadors de distancer les Niçois. Ils y parviennent sur le même score, mais de manière différente. Après avoir éliminé Manchester City, Monaco se défait de Bordeaux. Les buts du désormais incontournable Mbappé (68e) et de Moutinho (74e) font la différence avant la réussite de Rolan (84e, 2-1). « Monaco est moins dominateur que Paris, mais son efficacité et ses fulgurances font très mal », constate Gourvennec. Après la catastrophique soirée barcelonaise, Paris a encore la gueule de bois à Lorient. Le défenseur breton Jeannot lui donne un coup de main en marquant contre son camp (28e). Nkunku double la mise (52e) et Ciani réduit la marque (68e, 2-1). Jusqu'au bout, Paris tremble et se couvre même de ridicule quand Aurier se distingue de nouveau de manière négative. Il met un temps fou à se préparer au moment de remplacer Meunier enfilant même son short à l'envers. Emery dit les choses telles qu'elles sont : « On voudrait tous à 100 % oublier le match de mercredi, mais ce n'est pas possible. »

À Lyon, qui exécute Toulouse (4-0), Depay inscrit un but sur un lob de 51 mètres qui surprend Lafont. « C'est le but de ma vie », dit le Hollandais. En fin de saison, Depay recevra le prix du plus beau but. Le public lillois n'a pas droit à une telle folie, mais plutôt à une bonne sieste pour la venue de l'OM (0-0). « Parfois il faut savoir ne pas perdre », estime Thauvin qui retient bien les leçons. L'OM voit Bordeaux, qui a laminé Montpellier (5-1), revenir à sa hauteur.

Tenu en échec à Nantes (1-1), Nice lâche du lest. Les deux costauds en profitent. À Caen, Mbappé anime le festival. Il inscrit deux buts et obtient le penalty du troisième transformé par Fabinho (3-0). Remplacé en fin de match, il sort sous les ovations du public normand. Une star est née. Au Parc des Princes, Paris poursuit sa douloureuse convalescence en écartant l'OL. Mené après l'ouverture du score de Lacazette (6e), le PSG s'en sort grâce à Rabiot (34e) et Draxler (40e). La seconde période est terne. Génésio est stupéfait : « On a laissé Paris nous contrer sur son terrain. » Emery utilise la méthode Coué : « Nous avons

Le 5-0 infligé à Metz le 26 février a permis à l'attaquant lyonnais Memphis Depay d'inscrire un doublé.

démontré à tout le monde que la défaite à Barcelone n'était qu'un accident. » S'il le dit.

Toujours à 3 points de Monaco, Paris en compte désormais 4 d'avance sur Nice. Profitant de la finale de la Coupe de la Ligue qui repousse les matchs de ses deux rivaux, Nice se rapproche après son succès « à la niçoise » sur Bordeaux. Les Girondins ouvrent la marque par Laborde (9e) puis se font remonter sur un penalty de Balotelli et dépasser sur une magnifique frappe d'Eysseric (27e, 2-1) par ces Aiglons au mental d'acier. Cette défaite girondine ne profite pas pleinement à l'OM tenu en échec sur son terrain par Dijon (1-1). Garcia est dépité : « C'est une très grosse contre-performance. »

FALCAO ARTIFICIER MODÈLE

Réduit à dix après l'expulsion de Bensebaini (5e), Rennes finit par égaliser contre Lyon par Mubele (81e, 1-1). Les Lyonnais respirent un peu mieux après le match en retard, et à huis clos, disputé à Metz où ils inscrivent leurs trois buts en seconde période par Lacazette (59e), Fekir (87e) et Tolisso (90e+1, 3-0). L'entraîneur lorrain Hinschberger est dépité : « Le huis clos crée un contexte de merde, c'est pourri. Tout ça par la grâce de deux abrutis. » La Ligue 1 n'en a hélas pas fini avec les abrutis.

Ni avec ses bégaiements. À Lille, Nice est rapidement mené (Amadou, 14e) et s'impose sur des buts de Balotelli (17e et 45e, 2-1). C'est presque trop gros pour être vrai. Mais les Azuréens ont largement dominé leur adversaire. « On a quand même un bon fonds de jeu », rappelle Favre. Monaco l'a également, ce fonds de jeu. À Angers, il a pourtant du mal à le montrer. Le leader s'en sort grâce à un but de Falcao (61e, 1-0), enfin de retour. « On ne va pas dire que le championnat est entre nos mains, mais si on fait bien les choses… » prophétise Mendy.

Ce fonds de jeu, Paris ne l'a pas du tout en première période contre Guingamp puis le retrouve après le repos. Di María servi par Cavani (56e), ce même Cavani (60e et 70e) et Matuidi (90e+2, 4-0) assomment les Bretons. L'Uruguayen qui en est désormais à 42 buts en 41 matchs officiels a, fait rarissime chez lui, inscrit ses deux buts après avoir contrôlé le ballon. Il n'y a plus de suspense pour le podium, sinon son ordre, après l'impensable déroute de l'OL à domicile contre Lorient (4-1) qui commence à rêver de maintien. Totalement tournés vers la Ligue Europa, les Lyonnais ont lâché après le repos.

À GALTIER,
LE CHAUDRON RECONNAISSANT

C'est au bout de 361 matchs officiels (154 victoires, 100 matchs nuls, 107 défaites) que Christophe Galtier a décidé de sa propre initiative de mettre un terme à son aventure stéphanoise en mai 2017. Autant de matchs, cela signifie sept ans et demi passés à la direction sportive d'un club auquel il a rendu beaucoup d'honneur et un peu de gloire. Dans le monde très agité du football d'aujourd'hui, une telle longévité représentait un record pour la Ligue 1. Un record et une fidélité.

Galtier avait plongé dans le fameux Chaudron en décembre 2009, succédant à celui qui l'avait initié au métier d'entraîneur, Alain Perrin, avec lequel, en tant qu'adjoint, il avait notamment remporté un doublé Ligue 1-Coupe de France en 2007 sur le banc de l'OL avant de partir dans le Forez. Personne ne prédisait alors à l'ancien minot marseillais, défenseur de devoir dans son club de cœur, mais aussi à Lille et à Toulouse durant une quinzaine d'années, la carrière qui l'attendait.

C'est d'un club luttant pour le maintien qu'il avait hérité pour le déposer six mois plus tard à une salvatrice, mais très modeste, dix-septième place. Tout était à reconstruire. Le challenge ne l'effrayait pas. Il le prit tellement à cœur qu'il décida alors seulement de passer ses diplômes d'entraîneur en parallèle avec l'exercice de sa fonction, preuve d'une passion et d'une droiture mêlées.

La vie dans un club au passé flamboyant, mais au présent soumis aux contingences économiques de l'époque, ne fut pas toujours simple. Voir partir au fil des ans les Matuidi, Payet, Aubameyang, Ghoulam, Zouma, Guilavogui, tous aspirés par des grands clubs, installait une obligation de reconstruction permanente. Dans ce mouvement perpétuel, Galtier était le symbole de la stabilité et de la pérennité du club.

Loin des bas-fonds de ses débuts, il offrit au peuple vert la Coupe de la Ligue 2013, premier trophée conquis par Saint-Étienne depuis trente-deux ans, et la fierté retrouvée qui allait avec. Un succès qui lui permit notamment de décrocher le titre d'entraîneur de l'année en partage avec le grand Carlo Ancelotti, coach du PSG.

De retour en Coupe d'Europe, Saint-Étienne, redevenue une équipe qui compte en L1, allait s'y installer pour quatre saisons consécutives, sans jamais vraiment briller dans ces jeudis soir de Ligue Europa, mais sans jamais non plus les mépriser. Un parcours achevé en ce qui le concerne contre Manchester United. On a connu pire.

Homme de caractère et de conviction, figure parfois agitée et toujours engagée des bords de touche, Galtier aurait pu, comme il l'a raconté dans *L'Équipe*, jeter l'éponge en janvier 2014, après une élimination en Coupe de France contre Cannes (CFA) : « J'ai toujours compris que là où Saint-Étienne peut exister sur le plan national, c'est dans les Coupes. Avant d'aller à Cannes, j'ai tellement voulu protéger certains cadres un peu blessés que j'ai oublié ce que réclame ce genre de match, à savoir beaucoup d'expérience. On a été sortis. Après, j'ai passé une nuit blanche. Je n'ai même plus eu envie d'aller à l'entraînement. Je me suis dit : "C'est fini, je rentre chez moi, dans le Sud." »

Heureusement, il n'en fit rien et s'en alla apaisé quelques années plus tard avec la satisfaction du devoir accompli, dans la hantise de l'année de trop, qu'il estimait d'ailleurs avoir peut-être déjà faite : « J'ai senti que j'avais fait mon temps et que c'était le moment pour que quelqu'un d'autre arrive, déclara-t-il. Cette histoire est belle et je veux qu'elle finisse bien. »

Sachant tout ce qu'elle lui doit, l'AS Saint-Étienne n'oubliera pas l'homme à l'âme et au cœur verts.

« La seconde période est juste indigne. On a manqué de respect à l'institution », soupire Génésio.

Bastia croit au sauvetage après son succès à Caen (2-1). Mais cet espoir se noie dans la bêtise d'une poignée de pseudo-supporters. Pourtant, il y avait un joli coup à jouer face à une équipe de Lyon *bis* entre deux tours de Ligue Europa pour le moins compliqués contre Besiktas. Mais ç'aurait été trop simple. L'intrusion de pseudo-supporters va tout gâcher (voir encadré). Ces tristes événements font presque oublier la tranquille victoire de Nice contre Nancy (3-1, un doublé de Seri), le solide succès du PSG à Angers (2-0, un doublé de Di María) et celui très difficile de Monaco à domicile contre Dijon. Mené au repos (Varrault 42e), le leader doit son salut à Falcao. Entré à la 61e, le Colombien frappe deux coups francs magiques, le premier sur la barre repris par Dirar (69e), le second en pleine lucarne (81e, 2-1).

QUAND L'OL FAIT DES CADEAUX

À l'échelon inférieur, Bordeaux ne lâche pas cette cinquième place synonyme d'Europe. Les Girondins s'imposent à Nantes (1-0) et conservent un petit point d'avance sur l'OM qui explose Saint-Étienne (4-0) grâce à un énorme Thauvin (deux buts et une passe décisive). À tous les niveaux, la bataille fait rage et nul n'est l'abri d'un dérapage. Pas même Paris en visite à Metz pour un match en retard. Avec 87 % de possession de balle et deux buts signés Cavani (33e) et Matuidi (37e), les Parisiens

Nabil Fekir et Javier Pastore, deux artistes du championnat.

SCANDALE
À BASTIA

Lors de l'échauffement une prise de bec entre Depay et des spectateurs de la tribune (tout juste rouverte après cinq matchs de suspension) tourne au vinaigre. Le terrain est envahi, les bagarres éclatent entre joueurs lyonnais et ce qu'il faut bien appeler des voyous qui regagnent tranquillement leur tribune sans être inquiétés une fois leur forfait accompli. Après de longs conciliabules, le match commence avec cinquante minutes de retard et s'achève définitivement quand, à la fin de la mi-temps alors que le score est de 0-0, les mêmes scènes se reproduisent. On voit même des stadiers et un dirigeant corse, censés ramener le calme, se mêler aux affrontements avec les joueurs visiteurs. Bastia paiera très cher ces débordements inacceptables (match perdu et trois matchs à disputer à huis clos sur terrain neutre).

Les Niçois de Balotelli (ici double buteur face à l'OM, 3-2) accrochent la troisième place du championnat alors qu'ils ont été privés par le PSG du talent de Ben Arfa. Belle performance !

écrasent la première période. Une mi-temps et deux buts de Jouffre et Diabaté plus tard, ils frôlent la défaite sur un coup franc de Jouffre qui rebondit sous la barre de Trapp (90e+1), avant d'arracher un succès devenu inespéré sur une tête de Matuidi (90e+3, 3-2). Meunier s'autorise à faire le malin : « J'ai vu les Monégasques dans leurs fauteuils exulter à 2-2 et se rasseoir calmement à 3-2. Il ne faut pas paniquer, on peut être champions. »

La victoire qui suit contre Montpellier (2-0) n'est pas spécialement rassurante. Mais Paris profite du match nul de Nice à Toulouse (1-1) pour conforter son statut de dauphin. Favre voit la bouteille à moitié pleine : « Notre première mi-temps a été exceptionnelle, fantastique. J'ai pris du plaisir sur le banc. » Koziello concède : « Finir troisièmes ne serait pas non plus la déception du siècle. » Cette première place sur laquelle il lorgne, Paris ne la voit toujours pas venir car Monaco profite d'un cadeau offert par Lyon. Pour cause de Ligue Europa, l'OL se présente face au leader sans Lacazette, Fekir, Valbuena, Gonalons ou encore Tolisso. S'il avait voulu priver le PSG du titre, le président Aulas ne s'y serait pas pris autrement. Falcao (36e) et Mbappé (44e) sont les buteurs d'une victoire plus large que ne l'indique le score (2-1). Le jeune prodige monégasque a été remplacé à la 80e minute sous les ovations du Parc OL.

Il reste quatre journées et Lyon, qui a encore besoin de verrouiller sa quatrième place, s'impose à Angers (2-1). « On les a secoués dans tous les sens, soupire Moulin, sauf qu'il faut conclure. » Conclure, même Bastia y parvient. Devant des tribunes vides, sur le terrain neutre de Fos-sur-Mer, les Corses battent Rennes (1-0) et s'inventent une petite espérance. En enlevant le derby lorrain (2-1), Metz respire, en même temps qu'il étouffe Nancy. Caen est à la dérive. Il explose chez lui (5-1) sous les coups de boutoir de l'OM porté par un triplé de Thauvin et un doublé de Lopez. Marseille est à 1 point de la cinquième place après le nul de Bordeaux à Dijon (0-0).

Au plus haut des cieux, Monaco est sur son nuage. Piqués aux vifs par l'ouverture du score du Toulousain Toivonen (46e), les Monégasques sortent une seconde période de très haute volée. Glik égalise (49e), l'inévitable Mbappé inverse la tendance (64e) et Lemar conclut une sensationnelle action collective (75e, 3-1).

À NICE, PARIS CRAQUE DE PARTOUT

Un titre que Nice va quasiment lui offrir en se jouant d'un PSG décidément bien peu armé pour les grands chocs. Les Parisiens en mode diesel se font contrer sur l'ouverture du score du très provocateur Balotelli au bout d'un long raid de Pereira (26e). À la reprise, Pereira double la mise dune formidable frappe croisée du gauche (48e). Marquinhos réduit le score (64e), mais Paris se heurte à un mur et craque complètement en fin de rencontre. Auteurs de vilains gestes, Thiago Motta (90e) et Di María (90e+3) sont expulsés. Donis scelle leur défaite (90e+1, 3-1). Perdu dans ses insuffisances, Paris est KO. Thiago Silva est dépité : « C'est presque fini. On sent bien que l'on est moins craints, moins respectés. Les autres équipes ne nous redoutent plus. Une troisième place serait catastrophique. » Favre apprécie le moment : « On a fait un gros match. Paris nous a déstabilisés, mais on a bien répondu tactiquement sans laisser d'espaces dans l'axe, sans s'énerver. » Et il ajoute avec humour : « Je n'ai reçu aucun message de Leonardo Jardim, mais nous n'avons pas nos numéros respectifs. »

En vérité, Monaco n'a pas besoin de l'aide niçoise et Jardim se concentre sur l'objectif majeur : « Je n'échangerais pas une

éventuelle victoire à Nancy contre une victoire à Turin », lance-t-il cette fois-ci, alors que Monaco joue encore sur deux tableaux. Monaco perdra à Turin, mais pour l'instant il s'impose tranquillement en Lorraine (3-0). Un succès qui gomme celui, écrasant, du PSG contre Bastia (5-0, un doublé de Cavani). Quant à l'OM, il poursuit son combat pour la Ligue Europa. Deux buts de Gomis et Evra lui permettent de battre Nice (2-1). « On va garder notre humilité pour le déplacement à Bordeaux », souligne Gomis. Bordeaux est accroché à Saint-Étienne (2-2), ce qui permet aux Marseillais de s'installer à cette cinquième place, à coup sûr européenne. Dans un Chaudron glacé par une grève des supporters, Galtier, qui est sur le départ, a vu s'enfuir les dernières chances pour sa formation de retrouver l'Europe. Et il râle : « Sur des matchs comme ça, il faut mettre les meilleurs arbitres. La commission de discipline devrait me convoquer pour ça, mais je lui annonce que je serai en vacances. »

DALL'OGLIO DE BAS EN HAUT

Pour Lyon l'Europe, mais la petite, est désormais une certitude après une difficile victoire sur Nantes (3-2, un doublé de Cornet). « Ce match ressemble à beaucoup d'autres, constate Génésio. C'est limite cette saison. » Ce sont là des problèmes de riches. Au fond de la classe, Dijon prend une rouste à Guingamp (4-0). Dall'Oglio est fou de rage : « Certains joueurs ne sont même pas de vrais professionnels. Ils ne savent pas ce que cela implique. On est en permanence dans l'ego, chacun fait son cirque. » Victorieux à Toulouse sur un but de Santini (1-0), Caen est le grand vainqueur du jour. Les Normands ont désormais 36 points, un de plus que Lorient tenu en échec par Angers (1-1). Dijon est dix-huitième à 3 points, Nancy dix-neuvième à 4 points, Bastia vingtième à 5 points. La lutte pour le maintien est étouffante.

L'avant-dernière journée la rend poignante. Dans un match à 6 points, Dijon enfonce Nancy (2-0). « Je suis très fier de mes garçons qui ont été courageux et intelligents », déclare Dall'Oglio, trop content d'avoir changé d'avis sans être pour autant un imbécile. Loin de ses inquiétants supporters, Bastia, qui revit à l'ombre des huis clos, se nourrit d'espoir en même temps qu'il angoisse Lorient (2-0). Et Caen se fait peur en cédant à domicile contre Rennes (1-0). Garande est dépité : « On a commencé en jouant avec la peur au ventre. Je ne comprends pas. » Dans ce monde des bas-fonds, la peur est une ennemie tenace. Elle va jouer son rôle jusqu'à l'ultime journée.

Tandis que Nice, démobilisé, concède sa première défaite de la saison à domicile contre Angers (2-0) et que Lyon conforte sa quatrième place à Montpellier (3-1, un doublé de Lacazette), l'OM confirme qu'il ne sait pas gagner à Bordeaux, où il ne s'est plus imposé depuis quarante ans. Mais le match nul mérité, obtenu grâce à Gomis (60e, 1-1) qui a répliqué à Rolan (2e), est un précieux butin. Marseille conserve 1 point d'avance sur les Girondins. La cinquième place semble acquise. Tout en haut, Monaco n'a jamais été inquiet. Il empile son dixième succès consécutif en Ligue 1 contre Lille (4-0, un doublé de Falcao) pour voler vers le huitième titre de champion de son histoire. Au passage, il a dépassé la barre des 100 buts. « On a fait quelque chose d'historique », souligne Mbappé. « On a tout éclaté cette saison », se réjouit Sidibé. Seul Jardim joue les rabat-joie. « Je demande un dernier effort jusqu'à mercredi. Je respecte le foot. »

LE POINT FINAL POUR MBAPPÉ

Le fait est que l'écrasante victoire du PSG à Saint-Étienne (5-0, doublés de Cavani et Lucas) oblige à retarder la remise d'un trophée pourtant présent au stade Louis-II. Avec ses 3 points d'avance, ses deux matchs à jouer contre un seul à son rival et sa différence de buts largement supérieure, Monaco n'a rien à craindre. Il doit cependant patienter jusqu'à la réception de Saint-Étienne en match en retard. Les Verts débarquent tout cabossés en Principauté. Contre Paris, le jubilé d'un Galtier sur le départ, son 359e match à la tête du club, a tourné à la farce. « Je retiens avant tout la défaite qui est lourde, a soupiré le coach en partance. Ça ne gâche pas l'hommage des quatre tribunes, mais je ne l'apprécie pas à sa juste valeur. »

Comme prévu, les Verts ne pèsent pas lourd. Mbappé, c'est moral, inscrit le superbe but du sacre (19e) et Germain porte le coup de grâce (90e+3, 2-0). La fête est totale pour Jardim et ses joueurs qui reçoivent enfin l'Hexagoal. Sur le podium, le vice-président Vasilyev rappelle le début de l'histoire : « Quand nous avons racheté le club en 2011, il était dernier de Ligue 2 et nous avons promis de le ramener au sommet du football français. Nous l'avons fait, alors profitez-en. »

Monaco s'offre un ultime plaisir en empochant une 28e victoire à Rennes (3-2), portant son total de points à 95 (un de moins que le PSG un an plus tôt) et de buts à 107 (cinq de plus que le PSG 2016, troisième meilleur total de l'histoire du championnat). Mais ce soir-là, si l'on apprécie le 100e but de Lacazette en Ligue 1 dans le courant d'un Lyon-Nice (3-3), le suspense est ailleurs, dans la lutte pour la survie. Tour à tour, au gré de l'évolution des scores, Lorient, Bastia, Nancy, Caen puis Lorient tenu en échec par Bordeaux (1-1) sont barragistes potentiels. Les Normands ont refilé la patate chaude aux Bretons au bout de leur match à Paris. Menés 1-0, ils ratent un penalty par Rodelin (75e), se voient refuser un but valable de Ferret (88e) et finissent par égaliser par Rodelin (90e+1). Garande, qui craignait d'être « le dindon de la farce », peut souffler. Défait à Marseille (1-0, 20e but de Gomis) qui assure sa cinquième place, Bastia descend en Ligue 2. Nancy, qui a battu Saint-Étienne (3-1) pour du beurre sous le regard d'un ancien enfant du club nommé Michel Platini, l'accompagne. En bas de classement, cinq équipes finissent en 3 points. Du jamais-vu. Mais c'est toute la compétition, sensationnelle, spectaculaire, surprenante du début à la fin et portée par l'émergence de la planète Mbappé, qui a eu un talent fou.

LORIENT
À L'OUEST

Lecomte vient d'encaisser le premier but du match inscrit par le Troyen Darbion.

Si le Caennais Rodelin n'avait pas marqué au Parc des Princes dans le temps additionnel de l'ultime match, Lorient, longtemps dernier, aurait réussi une formidable opération maintien. Mais Rodelin a marqué et c'est encore le temps additionnel qui fait très mal à Casoni et aux siens lors du match aller des barrages renaissants, à Troyes, quand le vétéran Nivet marque le but victorieux (2-1). Avant le match retour, le président Féry bat le rappel de ses hommes : « À eux de montrer qu'ils ont un peu d'ego ! » Casoni l'imite : « On va repousser nos limites et les pousser à la faute. » Paroles, paroles... Les attaquants vedettes Waris et Moukandjo restent muets. Dix-sept tirs, aucun cadré (0-0). Après onze années d'affilée parmi l'élite, Lorient chute. Lourdement. Deux jours plus tard, le « consultant » Mickaël Landreau est nommé entraîneur, à charge pour lui de conduire l'opération « Remontée ».

Rolan a inscrit 9 buts cette saison avec les Girondins de Bordeaux.

L'œil de Reynald Pedros

Consultant phare du groupe Canal+ la saison dernière, avant de devenir cette année entraîneur des filles de l'OL, l'ancien joueur de Nantes et de l'équipe de France Reynald Pedros revient avec une grande finesse d'analyse sur l'édition 2016-2017.

Un super championnat

J'ai vu plein de très bons matchs. Ce fut vraiment un super championnat avec son lot de surprises, un suspense fou et très souvent une grande qualité technique. Rien ne m'a déçu. Paris s'est retrouvé à la lutte, Monaco a réussi à lui rafler le titre, Nice a fait une saison incroyable, l'OM est bien revenu, Bordeaux a tout de même tiré son épingle du jeu avec l'excellent Jocelyn Gourvennec comme entraîneur, Lyon a soufflé le chaud et le froid sans jamais lâcher. La lutte pour le maintien a, elle aussi, été formidable grâce au retour des matchs de barrages qui ont maintenu toutes les équipes de bas de tableau dans l'espoir de s'en sortir. Oui, j'ai adoré cette Ligue 1.

La révolution Jardim

Ce qui m'a le plus surpris et le plus séduit, c'est la façon dont Leonardo Jardim a réussi d'une saison à l'autre à modifier radicalement le style de jeu de son équipe. En 2015-2016, Monaco passait pour une équipe ennuyeuse. On se demandait comment elle pouvait jouer les premiers rôles, certes loin derrière Paris, et elle avait fini par sombrer logiquement lors des dix derniers matchs. La saison dernière, la remise en cause a été totale. Avec beaucoup de courage et d'audace, Jardim a su cerner les manques de son équipe, se remettre en question, abandonner un système de jeu fermé et décider de jouer l'offensive. Il a construit une équipe incroyable, faite pour marquer des buts, entièrement tournée vers cet objectif et qui n'a jamais dévié de sa ligne.

Emery pénalisé par Blanc

Je pensais qu'il était impossible que Paris ne soit pas champion. Pourquoi ne l'a t-il pas été ? Parce que Monaco a fait une saison exceptionnelle. Mais cette explication ne suffit pas. Quand on ambitionne de gagner la Ligue des champions, on doit forcément enlever son championnat, surtout avec un effectif comme celui-là. Je crois que Paris a été handicapé par son changement d'entraîneur. Je ne dis pas que l'arrivée d'Emery était une mauvaise décision, mais le nouveau coach a voulu imposer une façon de jouer très différente de celle mise en place par Laurent Blanc durant trois ans et ce, avec un effectif qui avait très peu évolué. Les joueurs ne se sont pas retrouvés là-dedans. Contrairement à leur entraîneur, ils préféraient le jeu de conservation. Emery a dû s'adapter, aller contre son ADN naturel et pendant ce temps, Paris a abandonné trop de points.

J'ai toujours adoré Cavani

Même quand il évoluait à côté de Zlatan, avec un peu moins d'efficacité, mais pas tant que ça, j'adorais Cavani. Sa réussite ne m'a pas surpris. Il fait partie des grands attaquants mondiaux. Il est intelligent, altruiste, il travaille beaucoup, parfois même un peu trop. On ne peut pas lui en vouloir du coup de rater quelques occasions. Quand tu es entraîneur, c'est le genre de joueur que tu recherches. Pour moi, il est comparable à Luis Suarez du Barça, autre grand attaquant qui se déplace très bien.

Chapeau les Niçois !

Avec beaucoup de sérénité et dans la continuité de ce qu'avait fait Claude Puel, Lucien Favre a su cerner ce qui manquait à Nice et trouver comment il fallait faire jouer cette équipe. Il a en outre très bien géré Mario Balotelli, ce qui n'était ni évident ni simple. Alors bien sûr, Nice a souvent été à la limite, Nice a concédé énormément d'occasions, mais Nice, avec son jeu à risques, a fait une saison magnifique. Au sein de son effectif, j'ai beaucoup aimé le milieu de terrain Jean-Michaël Seri qui a confirmé qu'il pouvait évoluer dans un grand club.

Garcia a fait le boulot

Pour lancer son nouveau projet, l'OM a choisi le bon entraîneur. Hypermotivé, Rudi Garcia a fait comprendre qui était le chef. Et il a fait progresser son équipe, laquelle, au bout du compte, a fait une belle saison qu'il faudra bien sûr confirmer, car la pression va s'accroître sur le club.

Mbappé a d'incroyables qualités

Comme tout le monde, j'ai été soufflé et conquis par l'émergence de Kylian Mbappé. C'est un gamin déjà construit dans sa tête, précoce et mature. Il est bien fait à tous points de vue et regorge d'incroyables qualités. Il entre sur le terrain pour s'amuser, sans faire de calcul. Pour jouer au sens premier du terme. Sans s'enflammer, mais avec passion. Il faut qu'il reste comme ça. Comme il est bien entouré, ce sera sans doute le cas. Il a un peu le profil d'un Thierry Henry, mais il est peut-être encore un cran au-dessus. Je pense qu'il est potentiellement au niveau d'un Neymar ou d'un Messi. Reste à confirmer ces débuts foudroyants dans un grand club. L'idéal pour lui serait d'évoluer un jour au Real Madrid sous la direction de Zinédine Zidane.

Mon podium : 1 : Kylian Mbappé
2 : Bernardo Silva
3 : Thomas Lemar

CAVANI
AU PRESQUE-PARFAIT

Longtemps, dans son aventure parisienne, Edinson Cavani a traîné deux boulets : le montant record pour la Ligue 1 de son transfert de Naples, 65 M€, et Zlatan Ibrahimović.

On pourrait presque en ajouter un troisième, des limites techniques parfois trop voyantes que son formidable engagement physique, son activité inébranlable ne parvenaient pas à masquer.

Et puis, Zlatan partit vers l'Angleterre au bout d'une phénoménale saison 2015-2016 émaillée de 50 buts en matchs officiels. Et puis Laurent Blanc s'en alla lui aussi, cet entraîneur qui le confinait sur un côté, mais pouvait-il faire autrement ? Ibra attirait la lumière et tous les ballons. Il ne pouvait en être autrement, le personnage était ainsi fait, il était à prendre tel quel ou à laisser.

Redevenu un joueur libre et libéré, Cavani redevint en même temps un buteur chirurgical. Non pas que soudain ses qualités techniques se soient soudain trouvées améliorées. « El Matador » a toujours un petit problème avec le ballon une fois qu'il l'a contrôlé. Mais les vrais buteurs sont ainsi faits qu'ils se complaisent dans l'instinct. Et dans l'instant où le ballon va leur parvenir dans leur zone de confort qui est tout simplement celle où ils se trouvent. Le bon endroit au bon moment.

Sur les 49 buts qu'il a marqués dans le courant de la saison en 50 matchs officiels, plus de 40 l'ont été sur la première touche, cette reprise mortelle qui fait mouche. Ce sont aux autres de trouver Cavani, pas à lui de les chercher. Cavani est une conclusion. C'était déjà le cas à Naples, où il avait débarqué en 2010, à 23 ans, en provenance de Palerme, son premier club italien qui l'avait recruté à 20 ans en Uruguay, son pays natal. Il venait d'y être sacré champion avec le Danubio de Montevideo.

LE SOUTIEN TOTAL D'EMERY

Premier buteur de l'histoire du Napoli en Ligue des champions, il avait constitué avec l'Argentin Lavezzi, qu'il allait retrouver plus tard à Paris, et le Tchèque Hamsik un trio redoutable dont il était le fer de lance et la machine à marquer (26 buts en Serie A en 2011, 23 en 2012 et surtout 29 en 2013) avant son arrivée à Paris, où il allait constituer avec un phare suédois un fameux duo déséquilibré. Seize buts en Ligue 1 en 2014, 18 en 2015, 19 en 2016, la progression était trop ténue et à l'évidence le compte n'y était pas.

Une sorte de maladresse aiguë, une maladie grave pour un buteur, s'était même installée en lui. Les spécialistes la dénonçaient quand ils ne s'en moquaient pas. Éloigné de sa zone de prédilection, la surface de réparation, il était en perte de confiance, cette confiance en soi qui est l'alliée principale du buteur, cette confiance qui habitait définitivement Zlatan. Il en souffrait, attendant de pouvoir enfin exprimer tout son talent.

Son engagement face à Caen n'aura pas suffi à faire gagner le PSG lors de la 5e journée.

Ce moment tant attendu arriva donc à l'été 2016. Après un début de saison hésitant de nouveau marqué par une période de maladresse chronique, mais fort du soutien total du nouvel entraîneur parisien Unai Emery, Cavani allait redevenir une machine à marquer dans un système de jeu à trois attaquants totalement fait pour lui.

Il y trouva son compte, empilant les buts, jusqu'à quatre en une seule mi-temps lors d'un match de Ligue 1 à Caen. Le PSG y trouva-t-il le sien ? La question reste posée. Si Zlatan avait un Cavani, certes frustré, pour le seconder dans ce rôle de buteur, Cavani n'avait personne. Et c'est peut-être ce qui manqua au club de la capitale en cette saison en demi-teinte, ponctuée de la catastrophe que constitua la « remontada » du Barça que Cavani avait tout fait pour éviter, lui qui avait marqué au match aller comme au match retour.

UN BUT QUI NE VINT JAMAIS

L'Europe massacrée, le titre de champion égaré, il restait à l'Uruguayen le monde si particulier des statistiques individuelles et des honneurs personnels auxquels les buteurs sont tellement attachés. « Le record de buts de Zlatan ? Je ne pense pas à ça. Je pense à gagner ensemble, avec mes équipiers », déclara-t-il, sans que personne ne le croie bien sûr un seul centième de seconde, après avoir reçu le titre de Meilleur joueur de la saison décerné par ses pairs. Sur ce podium, il succédait au Suédois, un doux plaisir.

Il lui restait deux matchs à disputer. Il avait déjà inscrit 49 buts en 48 rencontres, dont 35 en Ligue 1, un ratio fantastique, dépassant au fil d'une saison canon les grands anciens du club, Dahleb et ses 98 buts, Rocheteau et ses 100 buts, Pauleta et ses 109 buts, pour atteindre les 130 buts, loin encore des 156 buts de Zlatan, mais à une seule réalisation des 50 buts du Suédois la saison précédente (dont 38 en Ligue 1).

Sa grande revanche sur celui qui avait été une sorte de bourreau était là, à portée d'un frissonnement de filet.

Et celui-ci ne vint jamais. Ni contre Caen, lors d'un dernier match de Ligue 1 pris à la légère par ses équipiers, tandis que lui se battait avec frénésie, ni lors d'une finale de Coupe de France hermétique contre Angers. L'occasion passa à portée de son pied gauche quand il se retrouva enfin seul face au gardien adverse à 10 minutes du terme de la rencontre et de la saison. Le ballon s'échappa au ras d'un poteau, emportant avec lui les espoirs d'un triomphe absolu. Le monde parfait est parfois une illusion.

Au moins Edinson Cavani, contrat prolongé et salaire réévalué à 15 M€ par saison, n'était-il plus ce joueur qui ne valait pas 65 millions, mais un *goleador* dans tout son éclat.

UN JARDIM EXTRAORDINAIRE

À 15 ans, en voyant jouer le Sporting Portugal, Leonardo Jardim décide qu'il sera entraîneur de football. Il n'est alors qu'un adolescent handballeur vivant sur l'île de Madère, une terre portugaise de l'Atlantique. Sa grande aventure est en marche.

L'homme, inconnu dans nos contrées, qui a débarqué à Monaco en 2014, à 39 ans, est une grosse tête. Intellectuellement ce qui est un atout et physiquement ce qui n'en est pas un. Bardé de tous ses diplômes dès l'âge de 29 ans, il n'est déjà plus un néophyte à cette date. En 2001, à 26 ans, il a été nommé entraîneur adjoint de Camacha, club de troisième division de Madère avant de devenir entraîneur principal en 2003. La suite est fulgurante. Champion de D3 avec Chaves en 2009, champion de D2 avec Beira-Mar en 2010, troisième de D1 avec Braga en 2012, large leader (10 points d'avance) avec l'Olympiakos Athènes en 2013, moment où il est licencié pour d'obscures raisons, il prend ensuite la direction de « son » Sporting, qu'il conduit en Ligue des champions. C'est là que Monaco vient le chercher à la surprise générale pour succéder à l'Italien Claudio Ranieri qui vient de finir dauphin du PSG dans la foulée d'une remontée en Ligue 1.

29 CHAMPIONS POUR 107 BUTS

De ceux qui ont presque toujours joué aux plus épisodiques d'entre eux, voici la liste des acteurs de folle farandole monégasque ponctuée d'un titre et de 107 buts (dont 4 contre son camp) inscrits par 16 joueurs différents.

Bernardo Silva (37 matchs, 8 buts)
Fabinho (37 m, 9 b)
Germain (36 m, 10 b)
Glik (36 m, 6 b)
Subasic (36 m)
Jemerson (34 m, 2 b)
Lemar (34 m, 9 b)
Bakayoko (32 m, 2 b)
Moutinho (31 m, 2 b)
Falcao (29 m, 21 b)
Mbappé (29 m, 15 b)
Sidibé (29 m, 2 b)
Mendy (25 m)
Carrillo (19 m, 7 b)
Dirar (18 m, 1 b)
Touré (15 m)
Raggi (14 m)
Boschilia (11 m, 6 b)
Diallo (5 m)
N'Doram (5 m)
Traoré (5 m, 2 buts)
Cardona (3 m)
Cavaleiro (2 m)
Jean (2 m)
Jorge (2 m, 1 b)
Badiashile (1 m)
De Sanctis (1 m)
Sy (1 m)
Tisserand (1 m)

Arrivé en juin 2014, Leonardo Jardim boucle sa plus belle saison à Monaco.

S'il est lesté de compétences, Jardim n'a pas le profil d'un séducteur. Ses débuts sont hésitants, et le flamboyant projet monégasque vacille dès son arrivée avec le départ de James Rodriguez pour le Real Madrid. Épaulé de ses trois adjoints rencontrés à Camacha, et avec lesquels il va de club en club dans une belle fidélité, Jardim impose sa marque de fabrique contre vents et marées.

On reproche à cet acharné du travail tactique un profil défensif. Il est simplement pragmatique. Dauphin à son tour du PSG pour sa première saison, il marque surtout les esprits lors d'une magnifique campagne européenne qui conduit l'ASM en quart de finale de la C1.

En 2016, il est de nouveau sur le podium de la Ligue 1 (3ᵉ). Il a compris que le club qu'il dirige est une salle de transit où les mouvements de joueurs à l'arrivée, mais surtout au départ, avec toute la frustration que cela comporte, sont la règle. Mais Jardim s'adapte. À l'été 2016, il récupère Germain et Falcao de retour de prêts et, sans attendre l'apparition de la comète Mbappé, transforme sans hésiter son 4-5-1 en 4-4-2 avec la réussite que l'on sait. On connaît la suite et son point d'orgue, le titre individuel de Meilleur entraîneur de Ligue 1 décerné par ses pairs, alors qu'il n'avait même pas été nommé les deux saisons précédentes. « En 2015 et 2016, j'avais eu la truelle d'or, avait dit ce féru d'humour au matin de son sacre. Si je gagne cette année, ce sera une progression. »

Elle a même été fulgurante. Désormais toute l'Europe connaît et admire Leonardo Jardim, l'homme qui a déclaré sans forfanterie au bout d'une saison unique : « J'ai montré qui j'étais dans les moments difficiles. »

LIGUE 2

UN TRIO
VENU D'AILLEURS

Strasbourg pour son grand retour, Amiens pour la première fois et Troyes spécialiste de l'ascenseur ont gagné leur place en Ligue 1 au bout d'une saison au scénario haletant et totalement inattendu.

Pour accéder à l'élite en 2017, il ne fallait surtout pas avoir passé la saison précédente en Ligue 2. Les trois promus viennent pour deux d'entre eux (Strasbourg et Amiens) du National et pour le troisième (Troyes) de Ligue 1. Un cas de figure absolument unique qui laisse les deux favoris, Lens et Reims, sur le carreau, le premier de la plus cruelle des façons, le second dans les grandes largeurs.

À trois minutes de la fin de la saison, Lens, qui est en train de battre Niort (3-1), a son ticket direct pour la L1 en poche. Il va à coup sûr accompagner Strasbourg, victorieux de Bourg-en-Bresse (2-1), au paradis. Et puis, à Sochaux, Grandsir marque (88e) le but qui permet à Troyes, vainqueur sur le fil (3-2), de s'emparer à son tour de la deuxième place tout en refilant celle de barragiste aux Nordistes. Sauf qu'à Reims, au bout du bout du temps additionnel (90e+6, 2-1), l'Amiénois Bourgaud inscrit le but du bonheur fou pour les Picards. Un succès qui transmet à Troyes la patate chaude des barrages et fait des Lensois les cocus de l'affaire. Sans oublier les regrets éternels pour Brest, 33 fois sur le podium en 38 journées, et Nîmes qui se rapproche du podium. Six équipes en 3 points, la Ligue 2 n'avait jamais vu ça non plus.

REVENU AU SOMMET, LE RACING N'A PLUS QU'À ÉVITER LES ERREMENTS DU PASSÉ QUI LUI ONT TROP COÛTÉ.

STRASBOURG À LA FOLIE

Il faut se souvenir d'où vient le club phare de toute l'Alsace pour comprendre le bonheur qui a envahi une pelouse, un stade, une ville, une région. Strasbourg a trop longtemps vécu dans le souvenir nostalgique du titre de champion de France 1979, le seul de l'histoire du club, conquis par une équipe très couleur locale (Gress à la baguette avec les Specht, Duguépéroux, Piasecki, Gemmrich, Tanter, Wagner). Les Coupes de la Ligue 1997 et 2005 et la Coupe de France 2001 ont à peine masqué la réalité des conflits internes violents et permanents, des passations de pouvoir présidentiel agitées et inefficaces, des changements d'entraîneurs incessants, d'une chute inexorable.

Le milieu de terrain d'Amiens Emmanuel Bourgaud va vivre en 2017-2018 sa première saison en L1.

En 2008, le Racing descend en Ligue 2. En 2010, il est relégué en National. En 2011, il dépose son bilan et repart en CFA2 (5e division), aboutissement d'un immense gâchis humain et financier. Sans doute lui fallait-il en passer par là pour se régénérer.

La suite est une fulgurance. À la fin de la saison, le club monte en CFA et hérite d'un nouveau président sur mesure, l'ancien attaquant international et joueur du club (de 2001 à 2006) Marc Keller. En 2013, le Racing monte en National. En 2014, il frôle une nouvelle relégation. En 2015, il rate la montée à la dernière journée. Le but est proche. Il est atteint en 2016 sous la conduite sportive du grand ancien Jacky Duguépéroux.

Le président Keller recrute Thierry Laurey qui possède déjà quelques lettres de noblesse. C'est lui qui a fait monter le Gazélec Ajaccio parmi l'élite en 2015, une performance improbable. À Strasbourg, Laurey fait le choix de l'offensive et régale le réputé difficile, mais fidèle, public de la Meinau. Son équipe évolue en permanence avec trois attaquants, parmi lesquels Boutaïb est le plus efficace (20 buts). Elle finira meilleure attaque (63 buts) et meilleure équipe à domicile (44 points, 11 de plus que Lens, par exemple).

« C'est une immense fierté, un bonheur absolu, se réjouit Keller. C'est une saison incroyable. Quand Thierry Laurey est arrivé, on visait un bon maintien. On était tout en bas il y a six ans. On a gravi cette montagne petit à petit, patiemment, sérieusement. »

Revenu au sommet, le Racing n'a plus qu'à éviter les errements du passé qui lui ont trop coûté.

LE HOLD-UP D'AMIENS

« C'est le but de ma vie », a hurlé Emmanuel Bourgaud, buteur de l'impossible à Reims. Et l'entraîneur Christophe Pélissier

Khalid Boutaïb, 20 buts en L2 avec Strasbourg.
L'ancien Ajaccien va retrouver la L1.

a expliqué l'inexplicable : « J'avais dit à mes joueurs qu'il se passe souvent des choses irrationnelles et c'est ce qui est arrivé. Ce groupe s'appelle "les Braqueurs", et on comprend pourquoi. » Amiens s'est fait une spécialité des hold-up de fin de match. « Un jour, dans le vestiaire, le coach nous a dit : "Vous me rendez fou, mon cœur va lâcher." Avec nous, il ne faut pas être cardiaque », s'amuse l'attaquant Manzale.

Amiens en Ligue 1 pour la première fois avec le dix-septième budget de la L2 ? Voilà qui valait une belle cote en début de saison. « On fait toujours des rêves somptueux, s'est souvenu le président Bernard Joannin, on essaie de repousser nos limites, mais, pour être honnête, quand on a commencé la saison, on n'avait pas d'autre ambition que le maintien. »

Christophe Pélissier voyait un peu plus loin. Pourtant, à l'échelle du football français, Amiens n'est rien. Un grand d'avant le professionnalisme, dans les années 1920. Le club manque d'entrer dans l'histoire en 2001 quand il est à quelques centimètres de devenir le premier de niveau 3 à remporter la Coupe de France. Une série de tirs au but en décide autrement contre Strasbourg (0-0, 5-4).

Le club picard est de nouveau en National lorsque Christophe Pélissier le prend en charge en 2015. Ancien joueur amateur à Revel, sa ville natale, où il est devenu entraîneur en 2000, à 35 ans, Pélissier est surtout connu pour le miracle avorté de Luzenac, ce club d'un village de l'Ariège de 600 habitants qu'il a pris en main en 2007 en CFA pour le faire monter en Ligue 2 en 2014, une montée refusée sans aucune humanité par les instances fédérales.

« Luzenac, c'est une plaie qui ne se refermera jamais, dit Pélissier après la montée d'Amiens. Quelque part, c'est comme si les dieux du foot s'étaient un peu rachetés. »

Pour ses débuts en Picardie, il a pourtant été sur le fil du rasoir après un début de saison manqué. Une série finale de 13 matchs sans défaite inversera totalement la tendance. Amiens est de retour en Ligue 2. Comme par magie, il n'y est donc resté qu'une seule saison. Pélissier a inventé un groupe à son image, coriace, subtil et ambitieux.

« Les planètes étaient bien alignées, c'était notre moment », dira-t-il, sans parvenir à faire oublier qu'il fait partie de ces entraîneurs qui possèdent ce petit truc en plus souvent indéfinissable qui permet d'écrire les légendes.

NIVET PUISSANCE TROYES

Un an plus tôt, la descente a été un peu honteuse, au terme d'une saison galère passée au bout du classement et d'une affreuse défaite à domicile (9-0) qui a sacré le PSG. Le président

À plus de 40 ans, Benjamin Nivet remonte en L1. Respect.

Daniel Masoni ne parle que de vendre le club. Mais l'investisseur américain de ses rêves se désiste et le fils d'Angel Masoni, emblématique créateur en 1986 et président de l'ESTAC (Espérance Sportive Troyes Aube Champagne), repart comme d'habitude pour un tour en bas, quand ce n'est pas en très bas (le National en 2009), après un tour en haut… Ainsi va la vie de ce club (déjà cinq accessions et cinq relégations au XXIe siècle).

En dépit d'échecs récents à Lens et à Châteauroux, Jean-Louis Garcia succède à Jean-Marc Furlan et remet la machine en route. Troyes s'élance sans certitudes, mais suffisamment de qualités et de volonté pour venir in fine à bout de Lorient après avoir hérité de la place de barragiste réinventée.

Puisqu'il faut toujours un héros, celui-là est tout trouvé. À plus de 40 ans (il est né le 2 janvier 1977), Benjamin Nivet est un de ces fidèles serviteurs du football dont on aime à dire qu'ils n'ont pas eu une carrière à la hauteur de leurs moyens. Peut-être, le concernant, pour une simple question de personnalité : « Je suis arrivé chez les pros sur la pointe des pieds, a-t-il raconté un jour. J'avais presque trop de respect pour les anciens. »

Nivet est un modeste, inépuisable et passionné. Son premier match en Ligue 1 remonte à septembre 1997. Il évoluait alors à Auxerre, où il ne fera jamais son trou. Il part ensuite à Châteauroux, à Troyes pour une première aventure (2002-2007) puis à Caen (2007-2012), avant de revenir en Champagne. Partout, il fait preuve d'une intelligence de jeu, de qualités techniques très au-dessus de la moyenne et d'une efficacité jamais démentie. En mars 2016, il inscrit le 100e but de sa carrière.

Mais celui qu'il préfère est encore à venir. Il le marque lors des barrages, dans le temps additionnel du match aller contre Lorient (2-1). Un but décisif qui assure à l'ESTAC une énième remontée, la troisième pour son compte personnel, à l'issue du match retour (0-0) que le président Masoni termine en larmes. « C'est une revanche que l'on devait à notre public », déclare-t-il.

Quant à cet éternel amoureux du beau jeu qu'est le quadra Nivet, il n'imagine pas encore le bout de sa route. « Ce serait difficile de quitter ce groupe et la vie du vestiaire au quotidien », affirme-t-il alors. Nivet ou l'amour foot.

L'œil de Jean-Luc Arribart

Grand spécialiste de la Ligue 2 qu'il commente sur les chaînes de Canal+, l'ancien joueur de Rennes, Laval, Reims et Nancy revient avec perspicacité sur la saison de Ligue 2.

Pas un grand cru

Si le scénario, fait de chamboulements permanents, a été formidable, le cru, lui, en revanche ne l'a pas été. Ce fut une petite Ligue 2 par rapport à ce que l'on a parfois connu. Je ne me suis pas toujours régalé. Forcément, avec une compétition tirée vers le bas, les clubs venant de National ont pu plus aisément tirer leur épingle du jeu. J'ai tout de même été surpris de voir des favoris défaillir de façon surprenante.

Coup de chapeau à Nivet

Sans lui Troyes ne serait jamais remonté. Dans le groupe de tête, c'est l'équipe qui en a fait le moins. Mais avec Nivet elle possédait un atout essentiel et décisif. C'est d'ailleurs lui qui marque le seul but du match contre Brest qui à l'arrivée fait la différence par rapport à une surprenante et beaucoup plus séduisante équipe bretonne. À 40 ans, Nivet est toujours aussi fort techniquement et lit le jeu à la perfection. Sa sérénité a bonifié toute l'équipe, notamment lors des barrages.

Strasbourg a régalé

Avec Laurey, Strasbourg a fait un très bon choix. Il a su constituer une vraie belle équipe de Ligue 2, avec un effectif qui n'était pas le plus riche, en amalgamant des joueurs ayant l'expérience de cette division et de bons jeunes. Après une première partie de saison tout juste intéressante, l'équipe a trouvé son équilibre quand Guillaume et Blayac ont commencé à faire des différences terribles dans le jeu et que le remarquable Liénard a pu utiliser à plein son exceptionnelle patte gauche. Strasbourg a régalé offensivement et toujours fait preuve d'un état d'esprit conquérant.

Amiens a bien joué

Dès le premier match, on a vu que ça jouait bien au ballon. Pélissier a réussi son coup. S'agissant de l'homme qui a fait Luzenac, ce n'est pas un hasard. Il a un savoir-faire, un petit quelque chose en plus. Il ne disposait pas des meilleurs joueurs de Ligue 2, mais ensemble, sous la conduite de l'exemplaire capitaine Monconduit, ils ont été très forts et mentalement irréprochables.

Lens puni par son public

Paradoxalement, le pire ennemi de Lens a peut-être été son formidable public qui a fini par inhiber des joueurs insuffisamment armés psychologiquement et qui n'ont pas supporté cette pression. Pourtant, le recrutement avait été plutôt réussi. Il manquait certainement un costaud au milieu où Bourigeaud a été contraint de tenir la baraque alors qu'il a le profil d'un bon lieutenant. Mais avec cet effectif-là, Lens aurait dû remonter.

Reims, quel fiasco !

Même avec le recul, j'ai du mal à expliquer une telle catastrophe. Der Zakarian semblait avoir le profil idéal pour l'opération « Remontée », mais il n'a jamais semblé pouvoir résoudre les problèmes qui se posaient à lui. Il y a forcément eu des défaillances dans le management et le recrutement n'a pas été à la hauteur. Baldé a été une mauvaise pioche. Et la médiocrité du rendement offensif a pourri la saison.

Le Red Star a fait n'importe quoi

Après avoir viré son entraîneur Rui Almeida, le président a mis en place le binôme Pirès-Robin, ce qui n'est déjà pas simple, mais l'a été encore moins quand il a fait appel à Rolland Courbis pour les épauler lors des derniers matchs. C'est quoi, le message ? C'est en partie à cause de cette mauvaise gestion que le Red Star s'est planté.

Mon podium
1 : Benjamin Nivet
2 : Dimitri Liénard
3 : Christophe Pélissier

PMU
edf
Kappa

COUPES NATIONALES

COUPE DE FRANCE - COUPE DE LA LIGUE

Paris-SG-Angers (1-0) en finale de la Coupe de France 2017.

LA CHASSE GARDÉE DU PSG

Dans sa compétition préférée, l'équipe parisienne a continué à faire des ravages. Avec onze victoires au total, elle trône désormais toute seule au sommet de la hiérarchie.

Et si, finalement, la plus belle action de la finale n'avait pas été celle d'un jeune président de la République défiant les sifflets en venant sur la pelouse serrer les mains des acteurs avant le coup d'envoi, ce qu'aucun de ses deux prédécesseurs n'avait jamais osé faire ?

Cette finale entre un PSG dominateur, mais usé par une longue saison, miné par les maladresses techniques, et un SCO d'Angers solidement assis sur son derrière pour lui faire face le plus longtemps possible avec son enthousiasme, sa volonté, la ferveur de ses supporters et ses moyens limités, n'entrera pas, il s'en faut de beaucoup, dans la légende. C'est d'autant plus dommage que cette 100e édition aurait mérité plus de flamboyance. Mieux qu'une seule et unique occasion pour le « petit » douzième de la Ligue 1, cette frappe de Pepe qui percuta le poteau gauche d'Areola (27e). Mais il était écrit que le PSG n'encaisserait pas le moindre but lors des six matchs de sa trajectoire victorieuse, ce qu'une seule autre formation était parvenue à faire en un siècle, le… PSG 1993.

Ce fut donc un affrontement sans héros, avec un pauvre but inscrit dans le temps additionnel par l'épaule de l'Angevin Cissokho contre son camp à l'arrivée d'un corner de Di María (90e+1, 1-0). Maxwell, qui disputait son dernier match sous les couleurs parisiennes, pouvait être fêté dignement tandis qu'Unai Emery poussait un soupir de soulagement. Il se disait avant le coup d'envoi que l'entraîneur parisien jouait gros sur ce coup-là. Peut-être même sa tête au terme d'une saison globalement ratée avec la perte du titre de champion et l'énorme couac de Barcelone.

EMERY SAUVE SA TÊTE

La terne prestation de ses joueurs aurait pu continuer à instiller le doute, mais le palmarès fait force de loi. Ce soir-là, en dépit de ses faiblesses et de l'incapacité de Cavani à transformer au moins une de ses rares occasions, Paris venait d'inscrire son nom pour la onzième fois au palmarès, devenant ainsi l'unique recordman du genre devant l'OM scotché à dix depuis son dernier succès en 1989. Une performance considérable pour un club né seulement dans les années 1970 et qui a fait de l'épreuve chérie des Français un terrain de chasse privilégié. Au passage, Paris devenait le troisième club après le Red Star en 1921, 1922 et 1923 et Lille en 1946, 1947 et 1948 à enlever l'épreuve trois saisons consécutives.

Le capitaine parisien Thiago Silva brandit la Coupe de France, la onzième pour le PSG.

De quoi réjouir le président Al-Khelaïfi qui, dans l'euphorie du moment, crut bon de rassurer son coach basque : « Unai Emery sera l'entraîneur du PSG la saison prochaine. Il va rester avec nous, c'est sûr à 200 %. » À 100 %, dans ce monde de la dissimulation, Emery aurait pu avoir encore quelques doutes. À 200, il pouvait presque être rassuré et tirer sereinement le bilan des événements : « On savait qu'il faudrait avoir de la patience pour se créer des espaces et des occasions. On méritait de marquer en première période. Notre but à la fin est mérité. C'était très important de gagner ce trophée. Maintenant, il faut bien analyser ce que nous avons besoin de changer et d'améliorer dans les deux compétitions que nous avons perdues. Je suis très critique avec moi-même, mais j'ai maintenu le cap. »

Tandis qu'Emery parlait, les supporters parisiens chantaient encore dans l'enceinte de Saint-Denis, pourtant conscients eux-aussi qu'en football comme ailleurs on gagne les Coupes que l'on mérite. Ni moins, mais ni plus.

MONACO SE SABORDE

Pour se consoler d'une finale sans envergure, il reste des flashs d'émotion si chers à la Coupe de France. Une écrasante victoire (7-0) du PSG sur Bastia en 32e de finale par exemple avec sept buteurs différents. Un coup de force de l'OM contre l'OL en 16e (2-1). Un incroyable rétablissement de Chambly qui entraîne Monaco dans une prolongation incertaine. Menés 3-0, les pensionnaires de National égalisent (3-3) grâce à deux buts marqués dans les 10 dernières minutes. Le temps de jeu supplémentaire bénéficie au futur champion de France (5-4) en dépit d'une infériorité numérique due à l'expulsion de Raggi (89e). Regrets éternels pour Chambly. À ce même stade des 16es, Auxerre (Ligue 2) joue les bourreaux en expulsant rudement Saint-Étienne (3-0) avant de se muer en victime au tour suivant (2-0) contre Fréjus (CFA).

C'est aussi en 8e que l'OM, victime d'un tirage au sort cruel, cède à domicile en 120 minutes contre Monaco au bout d'une rencontre flamboyante (4-3 après prolongation). Un succès dont les Monégasques ne feront rien. Parvenus en demi-finale, ils sabotent l'affiche qui les oppose au PSG en envoyant, Coupe d'Europe oblige, à peine une équipe B au Parc des Princes. La punition est sévère (5-0). Dans l'autre demi-finale, l'attaquant de Guingamp Jimmy Briand rate le penalty de l'égalisation à Angers à la 89e. Dernier vainqueur de l'épreuve, en 2014, avant la prise de pouvoir du PSG, Guingamp s'incline (2-0) et ne pourra pas retenter sa chance.

C'est à la suite d'un corner tiré par Di María que les Angevins marqueront contre leur camp.

QU'ILS SONT GRANDS, CES PETITS

C'est son charme et sa grandeur. En un siècle d'existence, « la Vieille Dame » s'est nourrie de surprises parfois stupéfiantes qui ont dévasté les plus grands de nos clubs. Gloire à ceux qui ont écrit cette merveilleuse légende.

S'il fallait n'en retenir qu'un, comme un symbole, alors ce serait El Biar, petit club de Division d'honneur, le quatrième niveau de l'époque, de la banlieue d'Alger, qui affronte, en ce mois de février 1957, à Toulouse, le grand Stade de Reims. Les Champenois ont disputé quelques mois plus tôt, et perdu, face au Real Madrid, la première finale de la Coupe d'Europe des clubs champions.

Depuis 1954, année qui correspond au début de ce que l'on appelle « les événements », et surtout pas « la guerre », d'Algérie, les clubs algériens, pour des raisons autant politiques que sportives, sont autorisés à participer à la Coupe.

Bien sûr, Kopa, son emblématique meneur de jeu, est parti au Real ; bien sûr, Fontaine, son buteur à répétition, a été appelé sous les drapeaux ; bien sûr, il est difficile de connaître le véritable niveau d'un championnat algérien qui vit en autarcie, loin du football hexagonal, mais on parle tout de même là de Reims l'intouchable.

L'entraîneur-joueur d'El Biar, Guy Buffard, 33 ans, est un ardent supporter des Rémois et de leur entraîneur Albert Batteux qu'il vénère. Les deux hommes se rencontrent longuement la veille du match. Buffard demande avec humour à Batteux de ne pas trop humilier ses joueurs. Les humiliés ne vont pas être ceux que l'on croit. El Biar, qui a déjà éliminé aux tours précédents deux clubs de Deuxième Division, Aix-en-Provence et Montpellier, s'impose 2-0. Buffard a lui-même ouvert le score sur coup franc. Almodovar a doublé la mise. Jamais l'expression « à la surprise générale » n'a eu autant de sens.

Dans le « conscient collectif », l'exploit efface presque immédiatement celui pourtant sensationnel de Sedan, lui aussi en DH, qui a éliminé Nice (4-1 !), alors leader de Première Division, en 1950, devenant ainsi le premier club de quatrième niveau à atteindre les quarts de finale. Six ans plus tard, en 1956, au bout d'une ascension météorique qui leur a permis de rejoindre l'élite, les footballeurs ouvriers des Ardennes remporteront l'épreuve.

LE CARRÉ D'AS DES CENDRILLONS

Longtemps, le monde merveilleux de la Coupe de France fut celui des héros d'un jour, ces petites équipes qui accomplissaient un exploit avant de se faire sortir dans la foulée et de replonger dans l'anonymat. Mais dans le courant de cette histoire séculaire, ils ne sont que quatre à avoir surmonté le handicap de cinq divisions d'écart. Le premier est Gardanne,

Toulouse sort victorieux de sa finale contres Angers en 1957. 6-3, c'est le record de buts inscrits en finale de Coupe de France.

club d'une cité minière des Bouches-du-Rhône, qui élimine (3-2) Toulouse en 1960, dans un temps où tous les matchs se disputaient sur terrain neutre. Un autre club du Sud, Sanary, prend le relais, sur son terrain cette fois-ci, en 1982, en sortant Montpellier aux tirs au but, suivi en 1986 par les banlieusards d'Évry victorieux de Toulon (1-0). Il faut patienter vingt-trois ans pour que se renouvelle, en 2009, pareille prouesse, quand l'équipe alsacienne de Schirrein (District) élimine Clermont, formation de Ligue 2 (4-2).

CLERMONT ET CARQUEFOU CROQUENT DU LOURD

« Dis-moi qui tu as éliminé, je te dirai de quelle empreinte tu as marqué la Coupe. » L'adage ne vieillira jamais. Personne n'a oublié Clermont. Oui, le même Clermont que celui de 2009, alors en National 2 (4e niveau), qui élimine en 1997 le PSG de Weah et Ginola au bout d'un scénario littéralement stupéfiant. Menés 4-1, les Auvergnats reviennent à 4-4 avant de s'imposer aux tirs au but. Leur gardien de but Olivier Enjolras, qui a arrêté les tirs de Guérin et Le Guen, devient un héros majeur. Au huitième tour, hors du halo médiatique, il s'était déjà illustré lorsque Clermont avait éliminé l'équipe de Division d'honneur de L'Étrat 13-12 aux tirs au but, au bout d'une séance durant laquelle chaque équipe avait tiré 17 fois, un record absolu en la matière.

Personne n'a oublié non plus Carquefou, club de CFA 2 (5e niveau). Non pas parce qu'en 2008 il sort Nancy, club de Ligue 1, en 16e de finale, mais parce que quelques semaines plus tard, à Nantes, il blackboule l'OM (1-0) grâce à un but de Papa N'Doye. Carquefou sera éliminé au tour suivant par le PSG (1-0).

CALAIS POUR L'ÉTERNITÉ

Au XXIe siècle, la Coupe honore également les héros d'une saison. Le monde du football a alors changé. Beaucoup de clubs amateurs nourrissent leur effectif de joueurs passés par les centres de formation de clubs professionnels, mais qui

Mickaël Landreau, le capitaine nantais vainqueur de la Coupe de France 2000, partage avec son homologue de Calais, Réginald Becque, l'honneur de brandir la Coupe de France. Les Calaisiens l'ont bien mérité.

ne sont pas allés au bout de leur rêve. Le foot est de moins en moins une science infuse. Mais l'aventure de Calais en 2000 demeure sidérante.

Cette année-là, le club de CFA (4e niveau) se sent pousser des ailes et tutoie l'inimaginable. Il élimine Lille, leader de Deuxième Division (1-1, 7 tirs au but à 6), Cannes, autre équipe de D2 (1-1, 4 tirs au but à 1), Strasbourg, équipe de L1, (2-1), puis en demi-finale Bordeaux, champion de France en titre (3-1 après prolongation). Première et unique équipe à ce jour de ce niveau hiérarchique à avoir atteint la finale, les Calaisiens, qui sont entrés dans les cœurs de tous les Français, s'inclinent en finale contre Nantes sur un penalty concédé à l'ultime minute (2-1), après avoir mené à la mi-temps et tutoyé l'inaccessible étoile. Le capitaine nantais Mickaël Landreau fait monter à la tribune son homologue nordiste Réginald Becque pour partager en sa compagnie la remise du trophée.

En 2003, c'est Schiltigheim, équipe de CFA2, qui fait fondre les cœurs. Les Alsaciens éliminent Troyes (Ligue 1), Beauvais (Ligue 2) et Toulouse (Ligue 1), devenant ainsi la troisième équipe de niveau 5 à parvenir en quart de finale après Arras (1949) et Rouen (1999).

Quatre ans plus tard, un autre pensionnaire de CFA, Montceau, n'est pas loin d'imiter Calais. Les Bourguignons éliminent Bordeaux puis Lens, avant de buter sur Sochaux, futur vainqueur, en demi-finale. En 2011, c'est Chambéry, une équipe de CFA2, qui révolutionne l'épreuve en devenant la première formation de cet échelon 4 à éliminer trois équipes de l'élite, Monaco, Brest et Sochaux, avant de chuter en quart (3-0) contre Angers, équipe de Ligue 2.

INIMITABLE QUEVILLY

Au rayon surprises, à l'échelle du temps, Quevilly est un invité permanent. Finalistes battus en 1927 par l'OM (3-0), les Normands sont toujours amateurs lorsqu'ils parviennent en demi-finales en 1968, exploit qu'ils renouvellent en 2010 alors qu'ils évoluent en CFA et surpassent en 2012 alors qu'ils sont en National (3e niveau), quand ils atteignent la finale après avoir sorti l'OM de Didier Deschamps en quart de finale (3-2 après prolongation) et Rennes en demie (1-0). Lyon a toutes les peines du monde à les dominer au Stade de France (1-0).

Deux autres équipes de cet échelon ont également frôlé cet exploit. Nimes, qui galère en National, se retrouve en finale en 1996 contre Auxerre. Menés à la mi-temps, les joueurs de Guy Roux finissent par s'imposer à l'arraché sur un but de Laslandes (88e, 2-1). Pour se faire pardonner, les Auxerrois deviennent champions de France une semaine plus tard et qualifient ainsi les Gardois pour une Coupe d'Europe.

Alors leader du National, Amiens est passé encore plus près de ce qui aurait été une monumentale performance. En 2001, en finale, les Picards s'inclinent aux tirs au but contre Strasbourg (0-0, 5 tirs au but à 4).

On aurait pu aussi parler de Villenave, de Blénod, de Colmar, de la Montagnarde d'Inzinzac-Lochrist, de Guingamp bien sûr, né avec la Coupe en 1972, alors que le club évolue en Division supérieure régionale, de bien d'autres encore. La Coupe est un rêve équitablement partagé entre des hordes de Petits Poucets qui adorent, saison après saison, se transformer en ogres.

67 ANNÉE CAHOTIQUE

Deux équipes de Deuxième Division, Le Havre en 1959 et Guingamp en 2009, ont remporté la Coupe de France. Angoulême aurait peut-être pu les imiter. En 1967, une pièce de monnaie en décida autrement. Nous sommes encore au temps où en cas de résultat nul après prolongation, les équipes rejouent. En 1964, les amateurs d'Agde et des Pierrots de Strasbourg ne se départagent qu'au quatrième affrontement. Les responsables de l'épreuve décident alors de limiter à trois au maximum le nombre de matchs. En cas d'égalité après la troisième rencontre, une pièce tranchera.

C'est ce qui se produit au stade Vélodrome de Marseille à l'issue de la demi-finale entre Lyon et le club de D2 d'Angoulême qui ont fait match nul 1-1 dans la foulée d'un 3-3 à Limoges et d'un 1-1 à Saint-Étienne.

Dans un couloir de vestiaire, l'arbitre René Vigliani lance une pièce en l'air en présence des présidents, des entraîneurs et des capitaines des deux formations. Le sort choisit Lyon qui s'imposera ensuite en finale contre Sochaux [3-1].

Devant le tollé provoqué par cette issue bien peu sportive, la pièce est très vite remballée et remplacée par les tirs au but, lesquels ne sont rien d'autre qu'une sorte de pile ou face... mais avec un ballon et devant le public.

L'attaquant Marseillais Djibrill Cissé, en 2008, face aux joueurs de Carquefou Alban Joinel [gardien] et Thomas Letapissier. L'OM est éliminé [0-1] en huitième de finale.

1ER AVRIL 2017 | PARC OL | **PARIS SG** - MONACO : 4-1

PARIS SALUE DI MARÍA

Le PSG avait absolument besoin de s'imposer après son échec européen. Dans la foulée de son éblouissant attaquant argentin, il y est parvenu dans les grandes largeurs au bout d'un match de haute volée contre l'ogre monégasque.

Deux fois déjà dans la saison le PSG a affronté Monaco et il ne l'a pas encore battu. À sa force traditionnelle, on oppose la finesse et l'allant de ces Monégasques qui font des dégâts partout où ils passent. La formation de Jardim est devenue l'équipe à la mode, le modèle de l'année, tandis que depuis sa défaite à Barcelone, Paris n'est plus le must absolu.

Autant dire que cette finale de la Coupe de la Ligue tombe à merveille. Elle doit permettre de commencer à régler un passionnant débat interne. Paris a-t-il les moyens de prendre sa revanche sur le mauvais sort et la souffrance qui l'ont ravagé en Ligue des champions ? C'est la question et au Parc OL, l'Argentin Ángel Di María va y répondre presque à lui seul.

C'est peu de dire que depuis son arrivée à Paris, Di María fait débat. L'ancien attaquant du Real Madrid, où il a flambé, et de Manchester United, où il s'est noyé, souffle un coup le chaud, un coup le froid, à force de prestations étonnamment contrastées.

C'est parce qu'ils commençaient à avoir de sérieux doutes à son égard que ses dirigeants ont recruté l'Allemand Draxler lors de la trêve hivernale. Dans une sorte de suite logique, l'Argentin n'était que remplaçant à Barcelone et son entrée en jeu, qui a correspondu à la meilleure période parisienne, aurait été décisive s'il s'était montré plus efficace ou plus collectif.

Di María est un artiste qui sait tout faire, dribbler, organiser, marquer, mais qui ne le fait pas toujours. Ou pas assez. Ou pas tout à la fois. Il est une sorte d'intermittent du spectacle offert par son équipe. Sauf quand toutes ses planètes sont bien alignées, son envie bien affirmée, sa confiance bien affichée.

C'EST LA QUATRIÈME COUPE DE LA LIGUE D'AFFILÉE POUR LE PSG.

Ce fut le cas lors du Mondial 2014 quand, plus encore que celui de Lionel Messi, son étincelant brio avait porté l'équipe d'Argentine sur les rives d'une victoire annoncée, avant qu'une malencontreuse blessure en demi-finale ne vienne détruire cette joyeuse perspective personnelle et collective. Sans lui, les Argentins n'étaient pas parvenus à percer en finale le mur allemand.

Ce soir-là, à Lyon, c'est ce Di María mondialiste qui renaît, le Di María décisif d'une finale de Ligue des champions conquise avec le Real Madrid. Boosté par la concurrence qu'on lui a imposée avec Draxler, et aussi Pastore, de retour à un bon niveau et très en cour dans les médias, il a abandonné tout dilettantisme pour redevenir indiscutable, indispensable.

Même sans Falcao blessé et Fabinho suspendu, Monaco, avec sa nouvelle pépite Mbappé, a fière allure. Et le prophète Jardim ne voit rien venir : « Les rencontres entre PSG et Monaco ont toujours été équilibrées depuis trois ans. Celle-ci ne sera

Di María inscrit le 2e but des Parisiens à la 44e.

pas différente », dit-il. « On a joué deux fois Monaco cette saison, lui répond son rival du banc Emery, mais jamais de la manière que l'on voulait. Là c'est l'occasion, le bon moment. »

Di María arrive tout juste de Bolivie où l'Argentine s'est inclinée piteusement (2-0) dans les qualifications pour le Mondial 2018.

À plus de 3 000 mètres d'altitude, il a paradoxalement manqué de légèreté. Redescendu sur terre, il prend plusieurs revanches à la fois. C'est lui qui sert magnifiquement Draxler à la limite du hors-jeu pour l'ouverture du score (4e). C'est lui qui se retrouve seul face à Subašić qu'il trompe, au bout d'un superbe travail de Draxler, pour redonner l'avantage aux siens (44e) après l'égalisation de Lemar (27e). C'est lui qui récupère le ballon pour lancer l'action lumineuse qui permet à Cavani, servi par un bijou de passe de Verratti de creuser l'écart (54e).

C'est encore lui, toujours lui, qui torture les défenseurs monégasques sur la gauche du terrain avant d'alerter Cavani dont la foudroyante reprise sous la barre (90e, 4-1) transforme le succès parisien en triomphe. C'est le 40e but de l'Uruguayen en quarante matchs.

Pour la quatrième fois consécutive, la septième au total, le PSG remporte l'épreuve et il le doit à Di María qui a réussi 14 passes et 7 dribbles dans les 30 derniers mètres, bien au-dessus des standards habituels en la matière. « Di María est un grand joueur, explique son camarade Verratti. On ne le découvre pas ce soir. Quand il est au meilleur de sa forme, c'est un gros plus pour nous. »

Les Monégasques sont secoués par cette folle soirée. « Ça fait mal », dit Germain. « C'est une claque », ajoute Mbappé. Di María a vraiment fait un gros trou dans le Rocher.

UN HÉROS NOMMÉ SOCHAUX

Même la Coupe de la Ligue peut marquer l'histoire. C'est à Clermont, en 16e de finale, que l'OM de Rudi Garcia et Frank McCourt remporte sa première victoire (1-0). Au tour suivant, les Marseillais chutent piteusement (1-1, 4 tirs au but à 3) à Sochaux (Ligue 2). À ce même stade, Monaco explose Rennes (7-0), triplé de l'étoile montante Mbappé à la clé, son premier en match officiel mais, tout le monde le suppute déjà, certainement pas le dernier. C'est aussi en huitièmes de finale que Lyon tombe chez lui contre Guingamp (2-2, 4 tirs au but à 3). Une élimination d'autant plus douloureuse que, pour la première fois, la finale est programmée au Parc OL. En quarts de finale, Sochaux montre de nouveau ses muscles et manque de blackbouler Monaco. Moutinho égalise tardivement (82e, 1-1) et les Monégasques sortent indemnes des tirs au but (4-3). Il reste à apprécier en demi-finale le petit bijou que constitue la victoire du PSG à Bordeaux (4-0, doublés de Di María et Cavani) avant d'attendre avec envie le choc ultime entre les deux équipes de l'année.

Ronaldo trompe le gardien italien Gianluigi Buffon lors de la finale de la Ligue des champions entre la Juventus Turin et le Real Madrid (4-1).

COUPES D'EUROPE

LIGUE DES CHAMPIONS - LIGUE EUROPA

UN LYON
SANS GRIFFES

Au cœur d'un automne morose, l'OL a péniblement entretenu jusqu'au bout un rêve que la réalité a fini par déchirer. Même dans un groupe à sa portée, cette marche-là était encore trop haute.

La Juventus de Turin mais aussi Séville et Zagreb. Ce tirage au sort est un encouragement pour Lyon et pour son président Jean-Michel Aulas : « C'est la 14e fois que je viens pour un tirage de C1 et toute cette expérience doit nous servir. Ça fait dix ans que l'on attend cette opportunité dans notre nouveau stade, ce n'est pas pour la gâcher. »

Débuter à domicile contre Zagreb est une chance que les Lyonnais ne laissent pas passer. Le parcours pénible en Ligue 1, conjugué aux absences de Lacazette, Fekir et Valbuena blessés, ne démonte pas le coach Bruno Génésio : « C'est mon premier match de C1 mais je ne ressens pas de pression. À nous de trouver les ressources physiques et mentales. »

Objectif atteint dans un nouveau système tactique à trois défenseurs et cinq milieux de terrain. Tolisso sur un centre de Rafael (13e), Ferri bien servi par Cornet (49e) et Cornet sur une offrande de Tolisso (57e, 3-0) scellent le sort d'une rencontre à sens unique.

« Je suis agréablement surpris de voir la vitesse à laquelle mes joueurs ont assimilé le nouveau système, se réjouit Génésio. L'effectif a des valeurs et des qualités. J'ai vu des joueurs transcendés. » Le match qui suit, à Séville, est évidemment d'une autre dimension. Surtout après une pénible défaite à Lorient en Ligue 1. « Les doutes sont chez vous, pas chez nous, lance Génésio à la presse. On a des convictions et des contenus de matchs intéressants. » Côté OL, Lacazette est toujours absent. Côté Séville, l'armada française est représentée par Nasri, Ben Yedder et N'Zonzi. Rami est blessé, Kolodziejczak sur le banc.

Sur le terrain, Lyon ne tient son rang que par intermittences.

Fekir (11e) et Tolisso (76e) frappent sur la barre mais, entretemps, Ben Yedder a profité d'une sortie manquée de Lopes pour inscrire l'unique but de la rencontre (51e) et Vietto a raté un penalty (69e). « Je ne veux pas accabler notre gardien, commente Génésio. D'autant que sur le coup, la défense le laisse un peu seul. On n'arrive pas à marquer durant nos temps forts et on encaisse des buts durant nos temps faibles. C'est très frustrant. » Frustration. C'est également le mot qui vient à la bouche du capitaine Gonalons qui ajoute qu'il « va falloir réagir ».

MAUDIT CUADRADO, BÉNIT TOLISSO

Pour y parvenir, fut-ce à domicile, la Juventus, 10e club le plus riche du monde, n'est pas l'adversaire idéal. Même si son gardien, le légendaire Gianluigi Buffon, reste sur deux énormes bourdes, en sélection contre l'Espagne et en club contre Udinese.

Hélas pour l'OL, qui peut enfin compter sur son duo Fekir-Lacazette, Buffon doit avoir beaucoup à se faire pardonner. Il arrête un penalty mal tiré par Lacazette (35e) et sort deux arrêts étourdissants face à Fekir (54e) et Tolisso (71e). « On me donnait

Le Lyonnais Corentin Tolisso, ouvre le score de la tête contre le Dinamo Zagreb (3-0).

pour mort mais j'aime bien faire taire les critiques », dira le capitaine turinois. Réduite à dix après l'expulsion de Lemina (55ᵉ), la Juve ne se crée qu'une seule occasion en seconde période. Suffisant pour rafler la mise grâce à un exploit personnel de Cuadrado (76ᵉ, 1-0). Et rageant pour Lyon. Génésio parle de « déception et de frustration ». Son confrère italien Allegri donne dans l'humour : « Est-ce que je vais faire des reproches à Lemina ? Non au contraire, je vais le remercier.

Nous n'étions pas bien jusqu'à ce fait de jeu. » Aulas sort la lance à incendie : « Il ne faut pas que le mental de mes joueurs et de mon entraîneur soit atteint par des commentaires qui seraient injustes. Il n'y a pas de crise. Cette équipe va faire reparler d'elle. »

Pour conserver un mince espoir d'aller de l'avant, il lui faut désormais ramener impérativement au moins un point de Turin.

« La confiance n'est pas totalement revenue, reconnaît Gonalons. Il ne faut pas croire qu'on est guéris parce qu'on a gagné un match à Toulouse. »

Avec une défense centrale biberon, Mammana (20 ans) et Diakhaby (19 ans), l'OL doit surmonter le handicap d'un penalty initial transformé par Higuaín (13ᵉ) avant de faire bonne figure.

Au point d'égaliser à l'autre bout de la rencontre sur une tête de Tolisso à la retombée d'un coup franc de Ghezzal (85ᵉ, 1-1). La fête aurait été totale si, dans le temps additionnel, Lacazette, parti seul vers Buffon, n'avait pas trop poussé son ballon permettant le retour et le sauvetage de Barzagli.

« On a fait preuve de caractère, on peut continuer de rêver », affirme Lopes. Génésio, comme d'habitude, est « déçu et frustré de ne pas avoir fait encore mieux ». Après quatre rencontres, Séville compte 10 points, la Juve 8 et l'OL 4. Or les deux premiers vont s'affronter en Espagne avec une certitude : un score nul les expédierait de concert en huitièmes de finale.

Avant d'affronter Zagreb, Gonalons est clair : « On souhaite que la Juve gagne à Séville. Je ne peux pas imaginer une seconde qu'elle laisse filer le match. Elle aura forcément envie de terminer à la première place du groupe. » Le doute est tout de même permis. Aussi la surprise ne vient-elle pas tant du petit succès lyonnais en Serbie, au bout d'un match médiocre, sur un but de Lacazette alerté par Rafael (72ᵉ, 1-0), que de celui de la Juventus à Séville (3-1). Allegri avait pourtant titularisé quelques remplaçants, mais l'instinct de victoire a été le plus fort. Du coup, Lyon ira en huitièmes s'il parvient à battre les Espagnols au Parc OL par au moins deux buts d'écart.

SÉVILLE TIENT AISÉMENT LE CHOC

« Ce sera un match extraordinaire, prédit Génésio. Il faudra être meilleurs au niveau technique que nous ne l'avons été ce soir. C'est très frustrant et difficile à vivre. Sur la manière il y a mieux à faire mais je suis tout de même satisfait. »

Comment ne le serait-il pas alors que Lyon a miraculeusement son destin entre ses mains. « Il faudra jouer, sinon on va souffrir et perdre », affirme l'entraîneur de Séville Jorge Sampaoli. « Nous avons 90 ou 95 minutes pour marquer, réplique Génésio. Il ne faudra pas vouloir tout de suite emballer le match. »

Dans le brouillard et le froid du mois de décembre, la rencontre ne s'emballera jamais vraiment. Certes, comme au match aller, l'OL tire deux fois sur la barre par Tolisso (24ᵉ) et Valbuena (37ᵉ) et cadre cinq tirs contre aucun à son rival, mais la seconde période est très terne et l'issue inexorable (0-0). « On a tout donné, il n'a manqué que les buts », regrette Valbuena, tandis que Rami résume bien la situation : « On a montré qu'on était devant eux et que pour manger dans notre assiette il fallait y aller. »

« En seconde mi-temps, ils ont subi sans que l'on soit très dangereux, concède Génésio. On est déçus, frustrés mais on peut être fiers de notre parcours. On a tenu tête à deux des meilleures équipes européennes. C'est tout de même de bon augure pour la Ligue Europa où on va avoir des ambitions. »

Reversé grâce à sa troisième place dans la seconde compétition continentale, l'OL sent bien qu'il va y trouver un terrain d'expression beaucoup plus adapté à ses compétences du moment.

MONACO
VENU D'AILLEURS

Passée par deux tours de barrages, l'équipe de Leonardo Jardim, souvent brillante, est ressortie première d'un groupe très dense, une façon de montrer qu'il allait falloir compter avec elle dans la compétition.

L'année précédente, les Monégasques avaient buté sur le même obstacle. Mais tout a changé pour cette formation à la fois très jeune et beaucoup plus mature. L'été bat son plein quand elle doit se rendre en Turquie – un pays secoué par un coup d'État avorté – pour défier le Besiktas d'Istanbul. « Ce sera du 50-50 », affirme son entraîneur Leonardo Jardim auquel beaucoup prêtent encore des intentions de jeu étriquées. Le match aller ne change rien à la tendance. Deux buts du Nigérian Emenike contre un seul de Falcao sont les ferments d'une défaite raisonnable (2-1). Subašić blessé, c'est le vétéran De Sanctis (39 ans) qui a pris place dans les buts. Touché à son tour dès la 12e minute, il a été remplacé par le jeune Badiashile (18 ans) qui a fait le job.

Au retour, Monaco fait la course en tête grâce à Germain (2e) et Falcao (18e sur penalty) qui sort blessé avant la mi-temps. Quand Emenike réduit le score (53e), l'ASM, alors sérieusement bousculée, tremble avant et même après le but décisif de Germain (65e, 3-1). « On a fait taire beaucoup de personnes qui ne parlaient pas en bien de nous. Tout le monde a vu que ce ne sera pas facile de nous rencontrer », lance le défenseur Raggi.

BERNARDO SILVA ÉBLOUIT WEMBLEY

L'objectif du tirage au sort du second tour est d'éviter, pour l'instant en tout cas... Manchester City. Ouf ! C'est Villarreal qui sort du chapeau. Une équipe espagnole dont l'entraîneur Marcelino démissionne à huit jours du match aller et qui jouera sans son attaquant vedette Soldado blessé. Propulsé par un penalty précoce de Fabinho (3e), Monaco subit l'égalisation de Pato (36e), mais reprend l'avantage sur une formidable action individuelle ponctuée d'une frappe chirurgicale de l'excellent Bernardo Silva (72e, 2-1). L'expulsion de Mendy (86e) ne change rien à cette belle affaire ficelée à l'extérieur. La conclusion manque de panache. Sur son terrain, Monaco souffre. L'arbitre oublie un penalty évident pour une main de Raggi (43e) et finit par en accorder un totalement injustifié aux joueurs locaux que Fabinho transforme (90e+1, 1-0). C'est la première fois qu'un club français franchit ce barrage depuis qu'il a été créé, en 2013. « Cette équipe a fait honneur au football français, lance Jardim. Elle a amélioré son niveau. Il y a plus de solutions que la saison dernière. » On n'a pas fini de le constater.

Repoussé dans le chapeau des « petits » lors du tirage au sort des poules, Monaco s'en sort particulièrement bien en héritant de Tottenham, CSKA Moscou et Leverkusen. Idéal pour une montée en puissance. Plus de 85 000 spectateurs remplissent le stade de Wembley lors de l'entame londonienne contre l'équipe du capitaine des Bleus Hugo Lloris. Ils sont stupéfaits par ce qu'ils voient. Étouffé dans le premier quart d'heure, Monaco marque sur ses deux premiers et uniques tirs cadrés du match par Silva, qui élimine quatre adversaires avant d'ouvrir

Bernardo Silva a égalisé sur la pelouse de Moscou (87e, 1-1).

le score (15e), et Lemar, sur un centre de Sidibé (31e). La réduction du score signée Alderweireld (45e, 2-1) atténue à peine ce formidable résultat préservé par un énorme arrêt de Subašić sur une frappe de Kane (79e). « Tout le monde a fait un match magnifique », affirme Silva. Encore faut-il prouver maintenant qu'il ne s'agit pas d'un heureux accident.

UN SAUVEUR NOMMÉ GLIK

« On va éviter les duels avec les grands défenseurs adverses et mettre l'accent sur la vivacité », explique Jardim avant la réception de Leverkusen. Plus facile à dire qu'à faire. L'entraîneur allemand Schmidt imagine un Monaco à l'ancienne : « C'est une équipe qui ne prend pas beaucoup de risques et s'appuie sur un bloc défensif plutôt bas. » Sur ce coup-là, il n'a pas tort. Devant 8 000 spectateurs, Monaco subit la plupart du temps les assauts de son rival, ne se crée qu'une seule occasion en tout et pour tout et finit par céder sur un but de « Chicharito » Hernández (73e). C'est le défenseur central polonais Glik qui sauve les siens d'une somptueuse, inespérée et ultime frappe en force des 18 mètres (90e+4, 1-1). « C'est l'un des plus beaux buts de ma vie », dira-t-il. « Dans le foot, marquer à la première ou à la dernière minute, c'est un peu la même chose », estime Jardim qui se moque un peu du monde en évoquant « un match équilibré ».

Encore loin de sa flamboyance à venir, Monaco ne lâche en tout cas jamais rien. À Moscou, mené sur un but de son ancien attaquant Traoré (34e), il domine la seconde période, mais doit encore patienter très longtemps pour revenir à hauteur grâce à l'indispensable Bernardo Silva (87e, 1-1), d'un superbe bijou de frappe enroulée dans le petit filet. « On aurait pu faire mieux, pense Germain, mais il y a des soirées où il faut se contenter d'un point. » « Un nul, ce n'est pas une victoire, ajoute La Palisse Jardim, mais c'est un point important. » Monaco vire en tête du groupe après les matchs aller et conforte cet avantage en exécutant Moscou en une mi-temps au stade Louis-II. Germain ouvre le score (12e). Falcao, qui effectue son retour après une blessure, y va de son doublé sur des services de Mendy (29e) et Germain (41e, 3-0). « Aucun match n'est facile, mais là il y a eu du beau jeu et du beau spectacle », estime Mendy. Quant à Jardim, il fait l'éloge de son buteur colombien : « L'important pour Falcao, c'est que le club croit en lui, que je crois en lui, que l'équipe croit en lui, que lui-même croit en lui. »

TOTTENHAM SE HEURTE AU ROCHER

Quand Tottenham débarque en Principauté, il a 4 points de retard sur Monaco. « Nous n'avons pas d'autre choix que de gagner », affirme Hugo Lloris. Le méthode Coué a ses limites. Dans ce choc intense, tout se joue en cinq minutes en début de seconde période. Monaco ouvre le score sur un centre de Mendy conclu par une tête de Sidibé (48e). Kane égalise sur penalty (52e), mais sur l'engagement, quatre passes monégasques débouchent sur un centre de Sidibé pour une tête victorieuse de Lemar (53e, 2-1). En vérité, la différence entre les deux formations a été bien plus nette que ne l'indique le score.

Monaco est d'ores et déjà qualifié pour les huitièmes de finale et certain de finir premier de son groupe. « On n'a jamais eu le sentiment de pouvoir gagner », confesse Lloris. « Nous avons fait un grand match tous ensemble, déclare Germain. Même si nous n'avions ni le Barça ni le Real dans notre groupe, nous avons réussi une belle performance. »

« Passer du troisième tour qualificatif à la première place du groupe est un exploit, souligne Jardim. Ce qui a fait la différence, c'est la qualité des joueurs. »

Largement perdu à Leverkusen (3-0) par une équipe truffée de jeunes (Touré, Diallo, N'Doram, Boschilia, mais pas Mbappé blessé), le dernier match est anecdotique. Monaco, qui éblouit déjà la France, peut maintenant véritablement partir à la conquête de l'Europe.

PARIS
MALTRAITE SA POULE

Au cœur d'un automne compliqué, le PSG a traversé de façon besogneuse une phase de poules conclue par un énorme faux pas et la perte d'une première place qui lui tendait les bras.

Pour le PSG qatari, la question ne se pose plus de savoir s'il va franchir le cap des matchs de poules, car c'est une évidence. Son combat de l'automne est ailleurs, dans la conquête d'une première place qui, si elle ne garantit rien pour l'avenir, peut adoucir l'atterrissage en huitième de finale.

Avec Arsenal, Bâle et Ludogorets, il a fait bonne pioche au tirage. L'équipe londonienne a cessé d'être un épouvantail. Les Suisses et les Bulgares ne devraient être que des faire-valoir.

Pour le nouveau coach Unai Emery, trois Ligues Europa d'affilée au compteur avec Séville, la première marche est plutôt douce. Heureusement, parce que ses débuts sont un peu compliqués. Au moment d'accueillir Arsenal, Paris ne compte que 7 points en 4 matchs de Ligue 1 et il s'est déjà incliné lourdement à Monaco (3-1). La méthode Emery, fondée sur un bouleversement radical du jeu de possession parisien, fait déjà débat.

« Je ne joue pas dans une équipe qui fait un an de transition, tonne Verratti, je joue dans une équipe qui veut des résultats. » Comment espérer mieux pour obtenir ce résultat qu'un but inscrit dès la première minute ? Cavani a magistralement repris un centre d'Aurier. Mais le buteur n'est pas encore en confiance. Il va ensuite gâcher quatre énormes possibilités de faire le break seul face au gardien (34e, 42e, 69e, 80e). Et quand Sanchez égalise (77e), c'est une chape de plomb qui s'abat sur le Parc des Princes.

Expulsé (90e+3) en même temps que Verratti (lequel sera blanchi ultérieurement), Olivier Giroud est lucide : « Au vu du nombre d'occasions, Paris aurait mérité de gagner. Mais le foot est fait de réalisme. » Contre mauvaise fortune, Emery fait bon cœur : « Je suis content du résultat et de la manière. C'est le chemin à suivre. Le plus important pour moi, ce sont les occasions. »

LE PETIT BIJOU DE MEUNIER

C'est après une sale défaite à Toulouse (2-0) que Paris se rend en Bulgarie pour affronter Ludogorets. « L'objectif est d'être premiers du groupe, clame Emery. On doit être à 100 % et même à 110 % pour gagner. » Son alter ego bulgare Yordan Minev fait profil bas : « Au moins quinze joueurs de cet effectif sont capables de changer le cours d'un match à eux seuls. »

N'empêche que c'est son équipe qui ouvre le score sur un coup franc de « Natanael » (15e). Le doute s'installe jusqu'à l'égalisation de Matuidi sur une superbe passe de Verratti (4e). Cavani rassure les siens en reprenant de la tête un centre de Di María (55e) et tout bascule en une minute quand Areola stoppe un penalty de Moti (59e), lequel aggrave son cas dans la minute suivante en déviant dans son but une reprise de Cavani (60e, 3-1). Une victoire oui, mais dans la douleur. Thiago Silva le concède :

« Ce fut une soirée difficile, même si petit à petit on a pris le contrôle du match. »

« On a besoin de confiance, insiste Emery. Avec ça et les qualités des joueurs, on va s'en sortir. » De confiance, mais aussi de chance, une qualité dont le PSG ne va pas manquer sur sa pelouse contre Bâle. Trois fois, dont deux avant le premier but parisien, les Suisses frappent les poteaux (5e, 36e, 66e). Secoué, Paris ouvre pourtant le score par Di María, son premier but de la saison (40e). Lucas double la mise (62e) et tout au bout de l'affrontement Cavani donne au score une ampleur inattendue (3-0) en transformant un penalty (90e+3). Emery parle d'une « première période difficile » et souligne qu'« une prochaine fois les ballons pourraient rentrer plutôt que toucher les poteaux ».

Avant le match retour, l'attaquant bâlois Seydou Keita explique que « Paris n'a pas encore montré ce qu'il avait montré les saisons précédentes ». Et ce n'est pas ce soir-là qu'il va le faire. Matuidi ouvre le score (43e) et Bâle, qui s'est créé bien peu d'occasions, contrairement à Paris, finit pourtant par égaliser sur un centre raté de Zuffi dont Areola apprécie tellement mal la trajectoire que le ballon achève sa course dans ses filets (76e). La contre-performance semble entérinée quand Meunier, servi par Rabiot, expédie une merveille de frappe lointaine en pleine lucarne (90e). « C'était tout ou rien et finalement c'est rentré », dira le défenseur belge.

KRYCHOWIAK FAIT N'IMPORTE QUOI

Emery voit le verre à moitié plein : « On s'est améliorés par rapport au match aller. Il faut progresser dans l'efficacité. »

« Je suis très content d'Areola », ajoute-t-il. Il est bien le seul. Quoi qu'il en soit, avec 10 points, Paris et Arsenal sont d'ores et déjà qualifiés. Ils s'affrontent donc à Londres pour la première place, synonyme de match retour à domicile en 8e de finale.

Sans Aurier, privé de visa par les autorités anglaises en raison de ses démêlés avec la justice française, Paris essaie d'alléger la pression. « Il est arrivé que des équipes finissent deuxièmes de groupe et gagnent la compétition », rappelle Thiago Motta.

Mais c'est bel et bien en leader que le PSG quitte l'Emirates Stadium. Avec quatre milieux de terrain (Motta, Verratti, Krychowiak et Matuidi) pour deux attaquants (Lucas et Cavani), Emery a joué la prudence. Les faits semblent lui donner raison quand Cavani ouvre le score (18e). Tout en maîtrise, Paris fait très bonne impression. Jusqu'à ce que Krychowiak manque à tous ses devoirs en perdant d'abord une balle facile devant sa surface de réparation avant de venir commettre une faute sur Sanchez en voulant se racheter. Giroud transforme le penalty (45e+1).

À son retour sur le terrain, Paris est encore sonné. Les Gunners font le forcing. Verratti, qui a perdu trop de ballons, finit par marquer contre son camp (60e). L'électrochoc n'est pas inutile. Paris revient dans le match et égalise sur une tête de Lucas déviée par Iwobi au bout d'un corner de Ben Arfa (77e). Dans la foulée, Cavani rate deux superbes opportunités d'arracher la victoire (79e et 82e), mais l'essentiel est fait. Paris est premier. « Sortir de ce match avec la première place, c'est important et mérité sur l'ensemble des deux matchs », déclare Emery.

Lucas inscrit le deuxième but de la rencontre face à Bâle.

UN INCROYABLE GÂCHIS

Reste à valider cette réalité contre Ludogorets au Parc des Princes. Une formalité semble-t-il, même si le PSG est à côté de la plaque en Ligue 1 où il vient de s'effondrer à Montpellier (3-0). « L'objectif n'a pas changé, rappelle Emery en préambule. Il est toujours de finir premier du groupe. On doit montrer le même investissement en permanence. »

Pourtant, ce soir-là, rien ne va. « Consternant », titrera *L'Équipe* le lendemain. C'est le moins que l'on puisse dire. Paris déjoue. Passe encore que Misidjan ait ouvert la marque (15e). Mais que Marquinhos perde un ballon facile (69e) pour permettre à Wanderson d'annuler la très belle égalisation de Cavani (61e) dépasse l'entendement. Tout comme le remplacement par Emery de ses deux défenseurs latéraux Maxwell et Meunier par deux profils identiques, Kurzawa et Aurier, dans les dix dernières minutes. La nouvelle et tardive égalisation de Di María (90e+2) compte pour du beurre puisque Arsenal s'est facilement imposé à Bâle (4-1).

Matuidi fait un constat amer : « C'est la Ligue des champions. Les erreurs ne pardonnent pas, même contre des équipes comme ça. » Meunier évoque un simple « manque de chance ». « Ce n'est pas comme si nous avions pris des rafales offensives », ajoute-t-il.

« Faire des erreurs, ça fait grandir », ose Emery qui dans le secret du vestiaire dira à ses joueurs : « Finir deuxième n'est pas si grave. On bénéficiera peut-être d'un bon tirage. »

Peut-être. Mais peut-être pas.

PARIS SE FAIT HARA-KIRI

L'incroyable et l'inéluctable semblaient s'être produits au match aller quand le Barça avait été laminé. Erreur et horreur. Au Camp Nou, les Parisiens se sont inventé de douloureux regrets éternels.

C'est exactement pour cela que l'on aime le football et que, parfois, on le déteste. Pour ces moments imprévisibles, impossibles, bouleversants, enthousiasmants, accablants, cruels et destructeurs, selon que l'on soit dans un camp ou dans l'autre. Pour ces coups de pied au cul qui vous expulsent humiliés et en lambeaux de la grande scène de l'Histoire où vous vous étiez déjà installés, triomphants.

Peut-on se remettre d'une telle douleur après un tel bonheur ? Sans doute pas. Deux fois « impossible » fut donc parisien, mais ce fut une fois de trop. Impossible de culbuter le Barça comme il le fut au match aller, impossible de ne pas se qualifier dans la foulée. D'ailleurs, la statistique le disait : les 169 équipes qui s'étaient imposées 4-0 lors du match aller dans le passé des compétitions européennes s'étaient toutes qualifiées. Toutes. Alors, il ne pouvait pas en être autrement après la fulgurante démonstration du Parc des Princes.

Bien sûr Paris, qui devait payer pour son raté bulgare, s'était un peu étranglé en apprenant le nom de son futur adversaire. Mais le début de l'année l'avait vu retrouver ses vertus passées (8 victoires et 1 nul en 9 matchs, 29 buts marqués et 2 seulement encaissés), tandis que le Barça, toute brillance perdue, continuait de s'époumoner derrière le Real Madrid. La fracture entre l'entraîneur Luis Enrique et ses joueurs stars était évidente et mortifère.

DI MARÍA EXÉCUTE LE BARÇA

« Il faudra jouer notre jeu », lance le coordinateur sportif Patrick Kluivert avant le match aller. De quel jeu parle-t-il ? Verratti apporte une réponse : « L'Atlético Madrid joue toujours très bien contre le Barça. Il joue serré sans chercher à avoir beaucoup d'espaces. On doit faire comme lui. Il ne doit pas y avoir plus de quelques mètres entre l'attaque et la défense. »

Paris est plus que méfiant : « Si on ne doit pas gagner, la clé sera de garder le 0-0, déclare Meunier. À ce moment-là, pour le retour, on pourra imaginer des plans tactiques. » « Le PSG ne se sent inférieur à personne », ajoute Emery. Seul le capitaine Thiago Silva tremble comme une feuille : « Il faut prier Dieu pour espérer arrêter la MSN [Messi, Suárez, Neymar] », soupire-t-il dans la presse espagnole.

« Blessé », « blessure psychologique » prétendront quelques mauvaises langues, le Brésilien ne dispute pas le match aller. C'est le jeune Kimpembe qui le remplace très avantageusement. C'est peu de dire qu'il se met à l'unisson de l'exceptionnel Rabiot, du formidable Verratti, du sensationnel Di María et de tous les autres Parisiens.

C'est un soir de grâce pour le PSG qui ouvre la marque sur un coup franc en lucarne de Di María (18e). Le Barça est étouffé, laminé. Au bout d'un long une-deux avec Verratti, Draxler double la mise d'un solide tir croisé (40e). Entre-temps, Trapp est sorti vainqueur d'un duel avec Gomes (27e). Ce sera le seul tir cadré catalan quand Paris en expédiera dix.

Le troisième but est pour Di María. Bien servi par Kurzawa, l'Argentin enroule magnifiquement sa frappe des 18 mètres (55e). Le Parc rêve éveillé et ce n'est pas fini. Au bout d'un long raid de Meunier, Cavani devance Piqué pour expédier un tir foudroyant qui fait mouche (71e). Tout réussit au PSG. Un coup de tête de

Le sixième but barcelonais inscrit par Sergi Robert (95+5), synonyme d'élimination pour le PSG.

Umtiti échoue sur le poteau de Trapp (84e). Le Barça est dans les cordes, le Barça est K-O, le Barça est fichu. Paris tient enfin l'exploit qui va le faire entrer dans la cour des grands d'Europe.

Tout le monde en est persuadé. Emery a beau avancer prudemment : « Il faut vivre ce beau moment présent. Ma satisfaction est éphémère, il faut continuer de respecter notre adversaire et rester prudent. Il reste encore 90 minutes », personne ne l'écoute vraiment.

« Personne n'imaginait ça, reconnaît Meunier, c'est une vraie surprise. L'engagement et l'agressivité qu'on a mis dans ce match ont joué énormément. » « Le Barça n'a pas respecté le PSG, pense l'ancien goleador parisien Pauleta, et Di María a retrouvé son niveau du Real. Le monde du foot a été impressionné par Paris. » Lui aussi ajoute qu'il faut « rester humble, qu'on ne sait pas ce que le Barça peut faire au match retour », mais cela ressemble à une simple précaution d'usage.

LUIS ENRIQUE ANNONCE SON DÉPART

D'ailleurs, l'ancien milieu du Barça Xavi, exilé au Qatar, et qui s'identifie toujours à son club de cœur, ne baigne pas dans l'optimisme : « On ne va pas lâcher, ce n'est pas fini, même si en étant réaliste ce sera très, très difficile. Paris a été d'un niveau exceptionnel. » Quant au président catalan Josep Bertomeu, il donne déjà rendez-vous à la saison prochaine, loin du tweet de Neymar qui lance : « On a 1 % de chance, mais on y croit à 99 %. »

C'est l'heure de la méthode Coué. Avant le match retour, le Barça s'impose sur la pelouse de l'Atlético Madrid (2-1) et se livre à deux répétitions générales de la « remontada » espérée, contre Gijon (6-1) et Vigo (5-0). Mais, de son côté, Paris pulvérise l'OM au Vélodrome (5-1). Il semble véritablement hors d'atteinte. Finalement, la seule nouvelle alarmante est l'annonce faite par Luis Enrique de son départ en fin de saison. Désormais, ses stars vont se sentir libérées. « Si une équipe peut renverser un tel score, c'est bien le Barça. C'est l'occasion rêvée de marquer l'histoire du club et du football mondial », déclare Suárez. Luis Enrique lance un appel au peuple : « Le Camp Nou doit être une marmite pendant 90 minutes. On a besoin d'un stade qui explose. Nous pouvons revenir si nous faisons les choses très bien. »

L'ancien buteur argentin du PSG Carlos Bianchi n'est pas loin de penser la même chose : « S'ils plantent un pion très vite et que tu arrives à 2-0 à la mi-temps, qui sait comment Paris réagirait ? » « Je ne vois pas la défense du PSG couler. J'ai plus de crainte pour la défense du Barça que pour celle du PSG », lui répond l'ancien défenseur brésilien du club Ricardo.

« Notre confiance en nous est intacte, déclare Emery. Il faut montrer que le match aller n'était pas une simple surprise. Mais j'ai déjà dit plusieurs fois que le Barça peut faire à Paris ce que Paris lui a fait. »

Même si les mots sont graves, fou serait celui qui envisagerait pareil scénario. Sauf que dès le coup d'envoi, les Barcelonais s'emparent d'un ballon qui brûle les pieds parisiens. Le camp de base est installé dans la surface de réparation de Trapp. « On aurait dû jouer différemment », dira Emery. Soit l'entraîneur basque avait prévu une autre tactique et il n'a pas été écouté par ses joueurs, soit il leur a proposé celle-ci. C'est grave et disqualifiant dans les deux cas, car survint ce qui ne devait surtout pas se produire. Une sortie ratée de Trapp permet à Suárez d'ouvrir très vite le score (3e).

UN BOURREAU NOMMÉ NEYMAR

Verratti, Rabiot et Di María sont à des années-lumière de leur prestation du Parc des Princes et Paris semble n'avoir aligné que des sosies. Pourquoi Marquinhos joue-t-il au plus fin avec Iniesta près de sa ligne de sortie de but ? Pourquoi Kurzawa expédie-t-il dans son but la talonnade du capitaine catalan (40e, 2-0) ? Pourquoi Meunier glisse-t-il sous l'assaut de Neymar au point de provoquer un penalty stupide transformé par Messi (50e, 3-0) ? Sans doute parce qu'il y a des soirées maudites.

Pourtant, sous la pression, Paris se remet à respirer. Cavani frappe le poteau sur un centre de Meunier (55e) puis expédie sous la barre de Ter Stegen une remise de Kurzawa (62e, 3-1). Ce but ressemble à un point final. Et les minutes qui s'égrènent sont pour le Barça comme un tombeau qui se referme. Cavani (64e) puis Di María, sans doute stoppés irrégulièrement par Mascherano (84e), perdent deux face-à-face. Qu'importe, il reste si peu de temps à jouer et les Barcelonais sont sonnés. Même le superbe coup franc excentré de Neymar dans la lucarne de Trapp (87e, 4-1) semble anecdotique. Il ne l'est pas. Le miracle et la honte avancent masqués, main dans la main. L'arbitre accorde à Suárez, que Marquinhos n'a pas touché, un penalty totalement injustifié. Neymar se charge d'alourdir le score (90e+1, 5-1).

À cet instant, c'est panique à bord pour les Parisiens que Sergi Roberto expédie au cimetière des prétentieux en reprenant acrobatiquement dans le dos d'une défense à l'arrêt une balle en profondeur du formidable Neymar (90e+5, 6-1).

Les Parisiens viennent de trahir leurs supporters. Le Barça n'a même pas été étincelant, Messi n'a pas flambé, mais c'est avec le rouge de la honte sur le visage que les joueurs de la capitale, déconfits et humiliés, rentrent au vestiaire.

Messi, qui a inscrit le troisième but barcelonais sur penalty (50e) prend le ballon et les choses en main.

VERRATTI : « ON A HONTE »

Le Camp Nou est en feu. Il hurle, il rit, il pleure d'émotion. « Cela faisait une semaine que j'attendais ce match comme un fou », hurle Neymar. Emery est dans les cordes : « C'est une aventure négative qui va nous donner de l'expérience, ose-t-il. On aurait dû revenir à 3-2, mais on a perdu notre volonté dans les dernières minutes et les décisions arbitrales ont été contre nous. » Certes, mais même avec ce handicap, Paris n'avait pas le droit de lâcher le grand bonheur qu'il tenait à pleines mains.

« Rien n'a marché, soupire Thiago Silva. C'est une défaite qui fait mal. » « On a honte, c'est un abattement total », enchaîne Verratti. « On ne peut s'en prendre qu'à nous-mêmes, on a été mauvais, reconnaît Meunier. On se devait d'aborder le match de façon beaucoup plus sérieuse et plus professionnelle. »

En trois semaines, Paris a écrit deux fois l'histoire. De la plus belle et de la pire des façons. Son arrogance ravalée, il va désormais devoir réapprendre à vivre avec ses cicatrices éternelles. Loin de ce Barça qui est définitivement « plus qu'un club ».

MONACO
RÉGALE ET CALE

Les éliminations flamboyantes de Manchester City et de Dortmund avaient laissé espérer aux Monégasques un immense destin. En demi-finale, face à la Juventus, le réveil a été douloureux.

Il fallait bien que ça arrive. Cette fois-ci Monaco n'évite pas, comme en barrages, le Manchester City de Guardiola. Un club et un nom qui font trembler bien au-delà de leur réalité du moment. Après sept mois à la tête du club, Guardiola n'a engrangé que 61 % de victoires contre 73 % lors de son passage au Barça et 87 % à la tête du Bayern.

Et puis, Monaco adore faire la nique aux Anglais. Newcastle (1997), Manchester United (1998), Chelsea (2004) et Arsenal (2015) peuvent en témoigner. « Monaco est impressionnant physiquement et dans sa façon de jouer. Ce n'est pas un hasard si c'est l'équipe qui marque le plus de buts en Europe. Je suis impatient de l'affronter », déclare Guardiola en préambule.

Son impatience va être d'autant plus satisfaite que le match aller est un pur joyau. L'ouverture du score de Sterling (26e) en est l'élément déclencheur. Falcao égalise d'une tête plongeante et, lancé par Fabinho, Mbappé inverse la tendance d'une frappe croisée en lucarne (40e). À 18 ans et 2 mois, il devient le deuxième plus jeune buteur français en C1 après Karim Benzema (17 ans et 11 mois).

La seconde période est un fabuleux tourbillon d'émotions fortes. Falcao rate un penalty (50e). Profitant d'une grosse faute de main de Subasic, Agüero égalise (58e). Falcao se rachète en redonnant l'avantage à l'ASM au bout d'un raid individuel conclu d'une délicieuse balle piquée (61e). Et puis, Monaco craque complètement. Agüero sur un corner de Silva (71e), Stones d'une tête à bout portant (77e), Sané enfin, à la conclusion d'un une-deux avec Agüero (82e, 5-3), chamboulent tout.

MBAPPÉ BUTEUR INSATIABLE

Jardim est sonné et enchanté : « C'est le match le plus passionnant de l'année en C1. J'ai félicité mes joueurs. Rien n'est fini. » Guardiola n'est pas en reste qui parle d'un « match fantastique », et ajoute : « Je suis heureux parce qu'on est encore en vie. Quand deux équipes jouent l'attaque de cette façon, c'est beau, c'est jouissif. Ce type de football est merveilleux. »

L'ex-capitaine de l'équipe de France et de Monaco Manuel Amoros exprime pour sa part quelques regrets : « Les deux arrières latéraux ont oublié qu'ils sont des défenseurs avant tout. Ils ont continué à se projeter comme des fous alors que Monaco menait. »

Mais c'est bien là l'ADN de l'équipe de Jardim et il lui fait espérer une issue heureuse. « Ce sera moins débridé qu'à l'aller. Je vois Monaco passer par deux buts, pour eux ce n'est pas si énorme », affirme Claude Puel, grand ancien du club. Avant le match retour, Guardiola est fidèle à lui-même : « Même si Monaco est une "Top Team", je veux que mon équipe produise du jeu. On peut gagner ou perdre mais je veux qu'on joue. C'est ma vision du foot. Je suis sûr que ce sera un match fantastique. » Comment ne pas aimer Guardiola ?

Et comment ne pas admirer Jardim qui déclare : « J'ai dit à mes joueurs de ne rien changer à nos habitudes. On est capables de refaire le même match offensivement. Il faudra juste faire plus attention défensivement. »

Bien sûr, il n'est pas question de reproduire le chef-d'œuvre du match aller, mais l'envers n'est pas loin de valoir l'endroit. Sans Glik (suspendu) ni Falcao (blessé), Monaco enfonce une première banderille quand l'intenable Mbappé reprend au premier poteau un centre de Silva (8e). City est bousculé comme jamais. Les Anglais ne tirent pas une seule fois au but en première période. Et au repos, ils sont potentiellement éliminés après un nouveau but signé Mendy qui profite d'un centre de Lemar (29e). C'est le moment d'être costaud, d'autant que c'est un autre Manchester qui évolue en seconde mi-temps, plein de fougue et de talent. Monaco est secoué comme jamais. Les occasions s'enchaînent. Subasic fait bonne garde. Mais l'exemplaire Raggi se blesse et doit laisser sa place à Touré. Une minute plus tard, Sané jette un froid dans le stade en réduisant le score d'une frappe sous la barre (71e).

GUARDIOLA N'Y COMPREND RIEN

Monaco est éliminé l'espace de six minutes. Le temps pour Bakayoko de recréer un écart décisif de la tête sur un coup franc de Lemar (77e, 3-1). Monaco va le faire, Monaco l'a fait au bout d'un fabuleux 5-5 sur l'ensemble des deux rencontres.

Jardim est un héros. Il parle d'un « gros match », d'une « grande première mi-temps », d'une « qualification méritée ». « Beaucoup de gens pensaient qu'on ne pouvait pas se qualifier mais on a une grande équipe », dit-il.

Le vice-président Vasilyev estime qu'il a assisté à « une première période exceptionnelle à la hauteur des meilleurs équipes mondiales ». « En première mi-temps, on était proche de la perfection », confirme Germain.

Pendant ce temps, Guardiola bat sa coulpe : « Comment a-t-on pu être aussi transparents en première mi-temps et aussi performants en seconde ? Mon erreur a été de ne pas avoir persuadé mes joueurs de montrer plus de personnalité d'entrée. »

« On ne doit pas rougir devant les autres équipe qualifiées », lance Bakayoko. Surtout quand le futur adversaire s'appelle Dortmund. Le tirage au sort a été clément. Dans le courant d'une saison un peu terne, l'équipe allemande n'est alors que quatrième en Bundesliga derrière le Bayern, Leipzig et Hoffenheim. Certes, elle marque beaucoup de buts (92 en 41 matchs) dont 25 en championnat pour sa star Aubameyang. Mais elle perd souvent, et si son stade est toujours rempli de 80 000 supporters en championnat, en Coupe d'Europe, où les places debout sont interdites, la capacité du célèbre mur jaune, un magma humain de 25 000 fans frénétiques, est réduite à 11 000 personnes.

Falcao, buteur en huitième de finale face à Manchester City.

Quoi qu'il en soit, on attend monts et merveilles de cet affrontement entre deux formations offensives dans lesquelles évoluent d'un coté Mbappé et de l'autre Dembélé, 19 ans, autre très grand espoir du football français.

LES BOMBES DE L'HORREUR

Mais à l'heure dite, ni Mbappé, ni Dembélé, ni leurs équipiers ne sont sur la pelouse. Le match a été annulé après l'impensable attentat dont a été victime le car allemand peu après avoir quitté son hôtel pour se rendre au stade. Trois bombes ont explosé sur son passage, semant la terreur et blessant sérieusement au bras le défenseur Marc Bartra. L'auteur, un détraqué qui rêvait de faire un coup financier en misant sur une chute des actions du club, sera interpellé deux semaines plus tard.

Pour l'instant, toutes les hypothèses circulent et l'Union européenne décide de reporter le match de 24 heures. Le lendemain, dans une ambiance magnifique de fraternité entre supporters, les Allemands, comme il fallait s'y attendre, ratent totalement leur entame de match. Ils sont encore sous le choc. Le système tactique inhabituel à trois défenseurs centraux privilégié par leur entraîneur Thomas Tuchel n'arrange rien. Pas plus que les erreurs d'arbitrage. Certes, après 17 réussites consécutives Fabinho rate un penalty (17e), mais deux minutes plus tard, l'incontournable Mbappé, en position évidente de hors-jeu, ouvre le score de la cuisse sur un centre de Lemar (19e). Quand Bender marque contre son camp (35e), on craint le pire pour les Allemands.

Un réajustement tactique à la pause et l'entrée de Dembélé donnent au match un tour nouveau. Dortmund reprend ses esprits et harcèle Monaco. Dembélé réduit la marque (57e). Mais une affreuse erreur de Piszczek profite à Mbappé qui part tromper Bürki comme un vieux briscard (79e) pour son premier doublé en C1. Un but de Kagawa (84e, 3-2) offre un peu de suspense au match retour.

Mbappé est aussi bon dans l'analyse qu'il l'est sur la pelouse : « En seconde période, quand vous êtes dans votre camp, que vous subissez, que ça part dans tous les sens, il faut rester lucide et calme car dans un match comme ça on peut vite partir en vrille. Je savais qu'il y aurait un coup à exploiter et c'était là, sur mon second but. »

Côté allemand, on ne peut évidemment pas éluder l'opprimant contexte. « Comme si on n'avait jeté qu'une bière sur notre car ! s'émeut Tuchel. Il y a un sentiment d'impuissance. La date nous a été imposée. » « Nous ne sommes pas des animaux, nous avons une famille, des enfants, déclare le défenseur Papastathopoulos. Dans ma tête je n'avais pas de place pour un match. Nous étions déjà contents d'être en vie. » Jardim est forcément mal à l'aise au moment d'analyser le succès des siens : « C'est très positif de gagner ici mais plus que le résultat c'est ce qui s'est passé hier qui va rester dans l'histoire. »

MONACO MACHINE À MARQUER

Une semaine plus tard, Tuchel a retrouvé son énergie quand il débarque en Principauté : « Nous sommes stabilisés au niveau des émotions, dit-il. Ce qui s'est passé nous a rendus plus forts. » Falcao fait une piqûre de rappel : « L'erreur serait de croire qu'on est déjà qualifiés mais cela ne nous traverse même pas l'esprit. »

Au bout de dix-sept minutes de jeu ça doit bien tout de même le lui traverser un peu. C'est lui qui a inscrit le deuxième but d'une tête plongeante à bout portant (17e) dans la foulée de l'ouverture du score de Mbappé, après une frappe de Mendy mal repoussée par Bürki (3e). Tuchel change alors tout son système tactique et fait rentrer Dembélé (27e). La rencontre prend une autre tournure, surtout après la réduction du score de Reus (48e). Monaco a encore de la marge mais il souffre dans le jeu jusqu'au but de Germain, inscrit 23 secondes seulement après son entrée en jeu (81e, 3-1). Monaco est la première équipe à avoir inscrit trois buts lors de quatre rencontres consécutives de la phase à élimination directe de la C1.

Dembélé est réaliste : « On est tombés contre une équipe meilleure que nous. » Et Mbappé modeste : « Il y a deux ou trois choses qu'on peut encore améliorer. » Monaco est en demi-finale, du jamais-vu pour une équipe venue des matches de barrages, et l'envie d'aller au bout titille maintenant tout le monde en Principauté.

L'annonce du prochain adversaire, la Juventus de Turin, ne douche aucun enthousiasme, même si la bande de Jardim a bien compris qu'il allait falloir mettre entre parenthèses le football champagne. « La Juve est un énorme bloc défensif, souligne Falcao mais notre secteur offensif fonctionne très bien aussi. » La Juve vient d'éliminer le Barça sans encaisser le moindre but en deux rencontres (3-0, 0-0). C'est un roc qui débarque sur le Rocher.

« Les joueurs sont préparés pour ces derniers matchs, dit Jardim. Ils savent qu'ils ont besoin de les jouer à la limite pour les gagner. » L'heure est à l'optimisme. C'est même le moment idéal pour souligner que le buteur de la Juve Gonzalo Higuaín, s'il marque toutes les 113 minutes en championnat, ne le fait qu'une fois toutes les 252 minutes en Coupe d'Europe. L'ex-Lyonnais et meneur de jeu de la Juve Pjanic est pourtant serein : « On va étudier leurs défauts pour pouvoir leur faire mal. Nous allons jouer sur nos qualités. » Et la première qualité de la Juve est de déprimer ses adversaires.

Thomas Lemar lors du quart de finale face à Dortmund.

LA RÉPONSE DE HIGUAÍN

Avec trois défenseurs dans l'axe, elle affiche une feuille de route qui va la conduire à bon port. Buffon fait le job devant Mbappé (16e), Falcao (47e) et Germain (90e). Et Higuaín fait mentir sa légende. Son premier but, un chef-d'œuvre, naît d'une géniale passe talonnée de Bruno Alves servi par une sublime aile de pigeon de Dybala (29e). Son second (59e, 2-0), issu d'une perte de balle de Bakayoko, est une nouvelle offrande d'Alves. Monaco a fait de son mieux, mais en terme d'efficacité la différence a été impressionnante.

« Sur trois situations la Juve a marqué deux fois et nous aucune, soupire Jardim. Ce n'est pas facile pour Mbappé de trouver de l'espace face à une telle équipe. » En vérité, ce n'est facile pour personne. « On est tombés sur une très grosse équipe avec beaucoup de joueurs d'expérience, constate Germain. Il nous a manqué un peu de folie. C'est une dure soirée. »

« La meilleure chose est de continuer à y croire, même avec 5 % de chances », insiste Jardim. Mais comme s'il avait déjà jeté l'éponge, il ajoute : « Personne n'aurait parié sur notre place en demi-finale. On a fait un parcours incroyable. Je suis très fier et tout le club est très fier. »

Monaco est déjà passé à autre chose sans pouvoir ouvertement l'avouer. En 60 ans de Coupes d'Europe, la Juve n'a perdu qu'une seule fois par deux buts d'écart sur son terrain en match à élimination directe. Et elle est invaincue à domicile depuis août 2015. La mission est impossible, même s'il faut toujours faire semblant.

« Si on marque dans les dix premières minutes ça peut être chaud. Il faudra que la Juve fasse attention », scande Raggi l'Italien de Monaco. « Il faudra changer des choses, en faire plus, car si on joue de la même façon qu'à l'aller il ne se passera rien et le résultat sera le même », prévient Jardim.

ALVES FAIT DES DÉGÂTS

Du changement il y en a, puisque Monaco se présente avec trois défenseurs centraux, comme son adversaire. Fabinho et Lemar sont sur le banc. Mais rien n'y fait. Le retour est un parfait copier-coller de l'aller. Après vingt bonnes minutes monégasques et une poussée de Buffon sur Falcao qui aurait pu valoir un penalty (3e), Alves sort de nouveau le grand jeu. Il centre habilement sur Mandzukic dont la frappe de la tête est repoussée par Subasic. La reprise en force qui suit du Croate fait mouche (33e). Et quand Subasic repousse des poings un corner, c'est Alves qui reprend magistralement de volée de 20 mètres pour clore le débat (44e). Le défenseur brésilien de 34 ans, parti libre du Barça l'été précédent, a été le grand homme de la confrontation. Le but de Mbappé en seconde période sur un centre de Moutinho (69e, 2-1) est une consolation. Parce que Buffon n'en avait plus encaissé en C1 depuis 600 minutes et parce que jamais un joueur aussi jeune (18 ans et 140 jours) n'avait marqué en demi-finale de l'épreuve.

Mais le jeune prodige est lucide : « On les a mis en difficulté par à-coups et ce n'est pas assez. Il n'y a pas de regrets à avoir sur cette campagne européenne. » Mbappé a raison. Jardim est fataliste : « Perdre ici 2-1 n'est pas un mauvais résultat. Le match aller a tué nos ambitions. On les a surpris durant les vingt premières minutes. Après, on a pris des risques pour marquer et ils en ont profité. Mais on a fait une très belle Ligue des champions. Nous sommes très heureux. »

Tomber contre plus fort que soi est une sorte de bonheur. Et n'efface rien du formidable parcours des Monégasques qui parlent déjà de retenter leur chance la saison suivante. Avec ou sans Mbappé, Falcao, Bakayoko, Mendy, Lemar, Silva ? C'est toute l'angoissante question pour ce Monaco dont on craint alors qu'il n'ait chanté qu'une seule saison.

TOUT EN HAUT, RONALDO

Pour remporter la douzième C1 de son histoire, la seconde d'affilée, le Real Madrid du fantastique Zinédine Zidane et de l'extraordinaire Cristiano Ronaldo a fait voler en éclats une Juventus qui était presque donnée favorite.

Gianluigi Buffon s'y voyait déjà. À 39 ans, l'emblématique et inamovible gardien de la Juventus s'imaginait enfin recevoir le Ballon d'or. Il n'avait même pas besoin d'être brillant. Il suffisait que son équipe gagne, qu'elle vienne à bout, ce soir-là au pays de Galles, du tenant du titre. Pourquoi ne l'aurait-elle pas fait alors que sur la route de Cardiff, avec sa défense de fer et son attaque de feu, elle avait déjà occis sans trembler le géant barcelonais et l'ogre monégasque ?

Mais contre ce Real qui semble avoir passé un pacte sacré avec cette compétition, elle va exploser. Sur un centre en retrait de Carvajal, Ronaldo ouvre le score d'une reprise croisée suffisamment déviée par Bonucci pour qu'elle échappe à Buffon (20e). Et si Mandzukic égalise d'un sublime retourné au bout d'une action collective techniquement exceptionnelle (27e), la Juve craque après le repos, encaissant en une mi-temps autant de buts que lors des douze matchs qui ont précédé ce grand rendez-vous. Dévié par Khedira, un tir de Casemiro trompe Buffon (61e). Au bout d'un une-deux avec Carvajal, Modric centre pour Ronaldo dont la reprise tranchante à bout portant fait mouche (65e). Une frappe croisée d'Asensio donne à la victoire des allures de triomphe (90e, 4-1).

Pourtant, la Juve avait la faveur de nombreux pronostiqueurs face à un Real qui ressemblait presque à un miraculé. Largement favorisé par l'arbitrage, il avait sorti le Bayern Munich en quart de finale (2-1, 4-2 après prolongation) après avoir été rudement secoué à domicile lors du match retour. Et s'il avait claqué son voisin, l'Atlético, lors du match aller des demi-finales (3-0), au retour, il s'était vite retrouvé mené 2-0, avant d'inscrire un but salvateur par Isco. Mais ce survivant a la victoire dans le sang. Plus que la Juventus, qui a désormais perdu les cinq dernières finales de C1 qu'elle a disputées, un triste record.

DES STATS QUI DONNENT LE TOURNIS

Alors, maintenant, Buffon et ses camarades regardent de loin Zinédine Zidane deviser comme si de rien n'était avec femme et enfants sur la pelouse, comme s'il semblait ne pas se rendre compte qu'il venait d'entrer au panthéon des grands entraîneurs. Depuis que la compétition a été réinventée en 1998-1999 dans son format actuel pour accueillir toutes les grandes écuries du continent, aucun club et aucun coach n'avaient réussi à la gagner deux fois consécutivement. Quand le Milan AC d'Arrigo Sacchi, dernier club en date à y parvenir, a

Sous la gouverne de Zidane, Ronaldo explose tous les compteurs.

Ronaldo totalise désormais quatre Coupes des champions.

réalisé l'exploit en 1989 et 1990, seuls les champions en titre participaient à l'épreuve. Zidane est un titan.

Buffon et ses camarades regardent également de loin Ronaldo jubiler comme jamais sur cette pelouse où il a enlevé le premier trophée de sa carrière, treize ans plus tôt. C'était une Coupe d'Angleterre avec Manchester United contre Millwall (3-0). Il avait 19 ans.

Il en a désormais 32 et son palmarès est long comme le Nil. Il vient de gagner sa quatrième Ligue des champions, autant que Messi, son meilleur ennemi. Il vole vers son cinquième Ballon d'Or, autant que Messi, son meilleur ennemi. Il a marqué douze buts durant la compétition, un de plus que Messi, son meilleur ennemi, dont deux en finale et dix lors des cinq derniers matchs, un total faramineux.

« Les chiffres ne mentent jamais », aime à répéter Ronaldo. Alors, allons-y pour quelques-uns d'entre eux. Son second but à Cardiff était le 600e de sa carrière en compétition officielle et le 105e en Ligue des champions, soit 12 de plus que Messi, son meilleur ennemi, et 34 de plus que le grand ancien du Real – encore le Real ! –, Raul, qui détint longtemps le record avec 71 buts. Il a marqué 285 fois en championnat d'Espagne, record pour un joueur du Real. Il est le premier joueur à avoir marqué dans trois finales de C1 depuis le grand Di Stéfano – toujours un ancien du Real ! –, cinq fois buteur en finale de 1956 à 1960. Il est meilleur buteur de tous les temps de l'équipe du Portugal et avec 9 buts le meilleur buteur, à égalité avec Michel Platini, des phases finales de championnat d'Europe.

Collectivement, il a remporté 23 trophées majeurs dont, en plus de ses quatre C1, trois championnats d'Angleterre et deux championnats d'Espagne.

Accessoirement, il est le sportif le mieux payé au monde grâce à ses énormes revenus publicitaires et le premier également à avoir donné son nom à un aéroport, celui de Funchal sa ville natale, dans l'île de Madère. Ronaldo est une sorte de monstre tentaculaire.

ZIDANE TRANSFORME CR7

C'est une étrange saison que vient pourtant de vivre le célèbre numéro 7, au cours de laquelle le joueur et l'homme avec lui ont évolué. L'image de ce macho assumé, égoïste, sûr de lui et dominateur, a viré au doux un soir de juillet 2016 au Stade de France, lors de la finale de l'Euro qu'il a abandonnée, blessé et au bord des larmes, au bout de quelques minutes. Durant la prolongation, du bord de la touche, boitant bas, s'agitant, hurlant, tremblant,

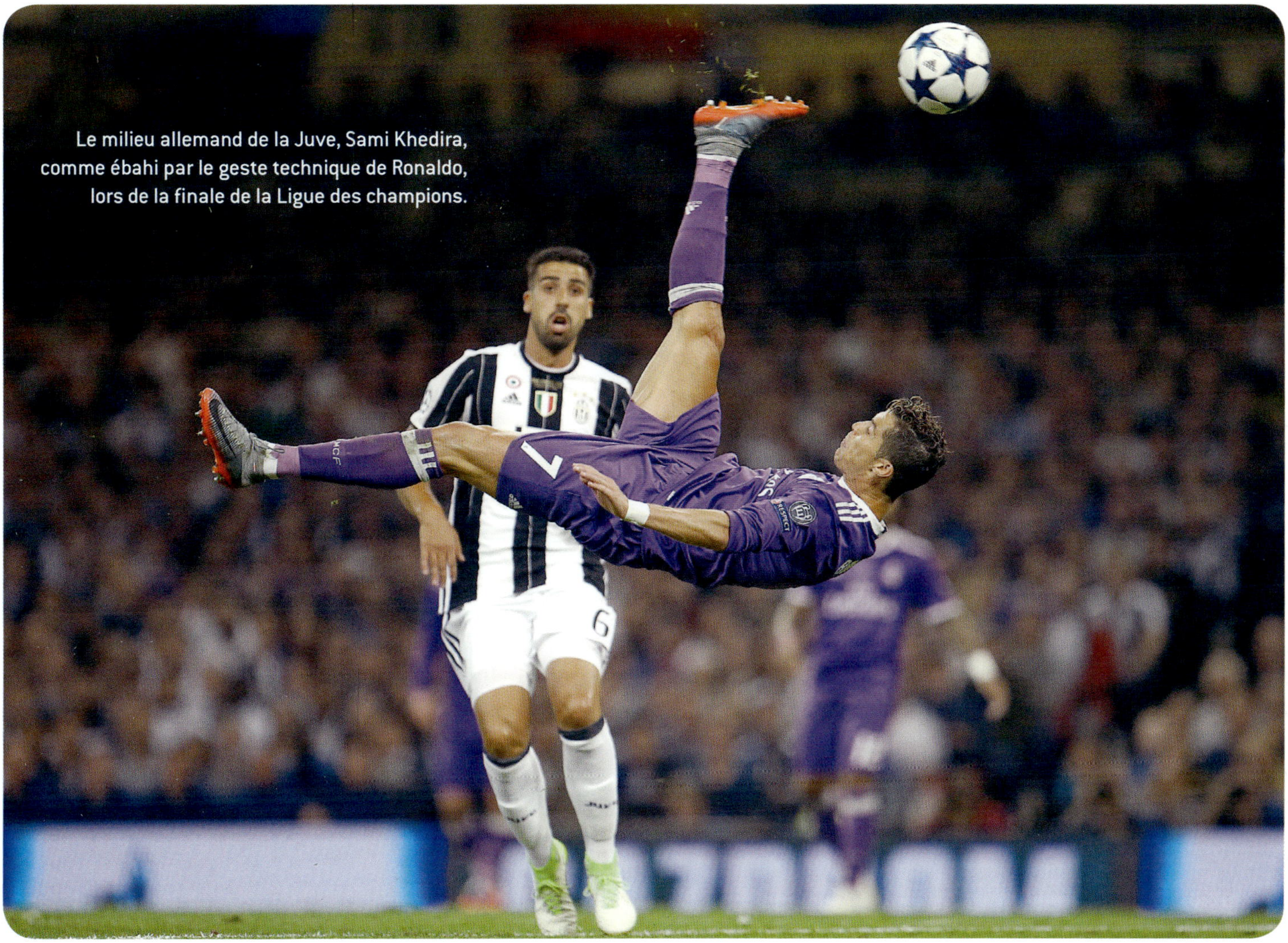

Le milieu allemand de la Juve, Sami Khedira, comme ébahi par le geste technique de Ronaldo, lors de la finale de la Ligue des champions.

jouant le rôle d'un sélectionneur *bis*, il a transmis ses encouragements et sa force à ses équipiers. Avant de partager leur bonheur comme un enfant après la victoire sur les Bleus et de recevoir le trophée tant espéré. Lui qui a l'habitude d'éblouir a enfin ému.

Le temps de se rétablir, Ronaldo entre avec retard, mi-septembre, dans la folle ronde des compétitions. C'est ici que Zidane montre tout son talent en le gérant magistralement. Même de retour de blessure, le Portugais veut jouer, jouer toujours, jouer encore, ne jamais quitter le terrain. Mais ce n'est plus raisonnable. Alors, ZZ le convainc à force d'arguments de lever le pied à l'occasion, de faire l'impasse sur des rencontres que le puissant Real peut tout à fait gagner sans lui, de ne plus être obnubilé par un classement des buteurs qui l'a trop hanté, et qu'il finira, avec 25 buts, à 12 longueurs de Messi.

En Liga, il ne dispute que 29 des 38 matchs et, au risque de froisser sa star, il arrive même à Zidane de la sortir avant le coup de sifflet final. « Ce n'est pas facile, parce que je me sens vraiment bien, mais c'est impossible d'être toujours au top, même pour un jeune, concède Ronaldo. Si je fais bien attention, je pense pouvoir avoir une carrière très longue. »

En Coupe d'Europe en revanche, il n'a jamais autant joué. Du coup, en fin de saison, et tous matchs confondus, seul son équipier allemand Toni Kroos aura passé plus de temps que lui sur le terrain. Voilà pour la forme. Concernant le fond, le hasard a bien fait les choses.

MOINS RÂLEUR, MOINS EXIGEANT

À 32 ans, Ronaldo est forcément moins perforant, moins performant sur son aile gauche. Qu'à cela ne tienne ! Les blessures fréquentes de Gareth Bale incitent Zidane à privilégier un système à quatre milieux et deux attaquants. Plus proche du dévoué Benzema, le Portugais revient dans le cœur du jeu. Un nouveau rôle dans lequel il semble plus mature, plus concerné par le groupe, moins centré sur son moi et son surmoi. Moins râleur également, moins exigeant avec les autres. Comme si la sagesse et la générosité l'avaient finalement rattrapé en son grand âge de champion. Comme si, assumant les effets du temps qui passe, il acceptait enfin d'avancer dans la vie avec sagesse et raison, quitte à lancer : « Dans ma tête, j'ai toujours l'impression d'être un gamin. »

Éternel ado devenu enfin adulte, il n'a pas fini d'enchanter les foules. Un jour, elles ne se contenteront plus d'admirer Ronaldo. Elles finiront par l'aimer.

LIGUE EUROPA

Henrikh Mkhitaryan vient d'inscrire le deuxième but de Manchester United face à l'Ajax Amsterdam en finale de la Ligue Europa.

LES VERTS S'ARRÊTENT AU ROUGE

Comme souvent, Saint-Étienne a fait son devoir en franchissant l'obstacle des barrages puis des matchs de poules, avant de buter sèchement sur le Manchester United de son éternel bourreau, Zlatan Ibrahimović.

Ce parcours du combattant réservé à ceux qui atteignent l'Europe presque par raccroc, les Verts y sont habitués. Ils le maîtrisent sans brio, mais avec obstination et conviction.

Juillet n'est pas terminé quand ils accueillent l'AEK Athènes pour un triste 0-0. Au match retour, dans la capitale grecque, Berić leur dessine un avenir en inscrivant l'unique but du match (1-0). « L'expérience prise ces quatre dernières années a fait la différence », se réjouit l'entraîneur Christophe Galtier.

Ce n'est pas pour faire du tourisme que sa troupe se rend ensuite à Jérusalem en plein mois d'août, mais pour conquérir l'automne. Galtier trace la feuille de route : « On va faire en sorte de ne pas en prendre trois. Et si on pouvait en mettre deux, ce serait bien. » Objectif atteint. Les lamentations sont pour le Beitar qui s'incline sur sa pelouse (2-1, buts de Lemoine et Florentin Pogba, après l'ouverture du score de Vered). « Je ne suis pas du tout satisfait de ce que j'ai vu », déclare pourtant Galtier qui n'apprécie pas trop non plus le match retour. Passe encore pour le 0-0. Mais c'est surtout l'expulsion de Ruffier qui fait tache. « J'ai la jambe en sang et c'est moi qui prends le rouge », fulmine le gardien stéphanois, qui écopera de trois matchs de suspension pour un coup de poing dans le dos de son présumé bourreau.

L'essentiel est fait. Avec les Allemands de Mayence, les Belges d'Anderlecht et les Azéris de Qabala, qui ont fait la peau en barrages à de bien tristes Lillois (1-1, 1-0), les Verts se retrouvent dans un groupe dense.

UN MIRACLE SIGNÉ ROUX

En guise d'apéritif, ils ont droit au plat de résistance. À Mayence, ils sont sur un fil après l'ouverture du score de Bungert (57e) et s'en sortent une nouvelle fois grâce à Berić (88e, 1-1). « Ça sert d'avoir un renard des surfaces », jubile le capitaine Loïc Perrin.

Dans le célèbre Chaudron, affaiblis par onze absences sur blessures, ils poussent le bouchon encore plus loin contre Anderlecht. Tielemans profite d'un penalty (62e) pour les mettre dans le dur et il leur faut attendre le temps additionnel (90e+4, 1-1), et une énorme erreur du gardien belge Roef, pour égaliser grâce à Roux. Tout à son bonheur, Galtier « envahit le terrain » et se fait expulser.

Le chemin des Verts n'est pas semé de pétales de roses. Rien ne leur est facile. « On ne se pose même pas la question d'une défaite », affirme l'attaquant Saivet avant la réception de Qabala. Mais le match nul n'est pas loin et il faut un but contre

L'attaquant stéphanois Nolan Roux, lors de la rencontre face à Mayence.

son camp de Ricardinho (70e, 1-0) pour faire pencher la balance du bon côté. L'exclu Galtier, qui a vu tout ça à la télé au centre d'entraînement des siens, ne fait pas le malin : « J'ai été très inquiet sur les quatre derniers corners contre nous. Nous n'étions pas à l'abri. » Heureusement, le remplaçant de Ruffier, Jessy Moulin, a tenu le choc.

Au terme des matchs aller, les Verts comptent 5 points. Ils sont à hauteur de Mayence et d'Anderlecht. À Bakou, contre Qabala, Ruffier est enfin là. Et il n'est pas de trop pour inverser une mauvaise tendance. Gurbanov a ouvert le score (39e). Juste avant le repos (45e+1), un coup franc de Tannane recrée la parité. Et c'est une nouvelle fois Berić qui est l'homme de la situation en inscrivant le but du succès (53e, 2-1), avant de sortir blessé (62e).

Galtier est mi-figue, mi-raisin : « Cette victoire nous propulse vers la qualification, mais c'est la première fois que je vois l'équipe se laisser aller à ce point. Ce n'était pas un match européen. »

UNE PREMIÈRE PLACE QUI COÛTE CHER

Un match nul suffit désormais aux Verts contre Mayence pour décrocher leur sésame, avant même le déplacement à Anderlecht. Forcément, Galtier réfute ce scénario : « Si on se réfugie derrière un hypothétique 0-0, on va droit dans le mur. Il sera nécessaire de marquer. »

Et tout aussi forcément, c'est bel et bien un 0-0 qui sanctionne un affrontement au cours duquel Saint-Étienne a beaucoup souffert en seconde période, s'en remettant à Ruffier pour maintenir le bateau à flot.

C'est donc pour la conquête d'une première place censée accorder un avantage pour le tirage des 16es de finale, que la bande à Galtier se rend à Anderlecht dont l'objectif est identique. Dans un premier temps, elle n'y met pas plus d'énergie que ça. Chipciu (21e) et Stanciu (31e) donnent aux Belges un avantage qui semble décisif. Sauf que pour une fois les Verts sont imprévisibles et efficaces. La seconde période est un bonheur. Saivet rate un penalty (54e), puis Söderlund marque deux fois (62e et 67e) avant que Monnet-Paquet n'offre aux siens un succès inespéré (74e, 3-2).

Galtier est bluffé : « Tout paraissait improbable. Trois buts en une période, ça ne nous était pas arrivé depuis longtemps. Après le penalty manqué, je me suis dit que ça allait être compliqué. On ne peut pas reproduire deux mi-temps avec autant de différence. C'est assez déroutant. »

« On n'a pas été très bons, mais on peut reconnaître nos valeurs, constate l'attaquant Hamouma. La première place du groupe est méritée. »

Elle est également mortifère car, tandis qu'Anderlecht va poursuivre sa route sur des chemins exotiques, les Verts tombent sur un os rouge, le Manchester United de José Mourinho, Paul Pogba – petit frère du Stéphanois – et l'éternel Ibrahimović.

ZLATAN TORTURE RUFFIER

« Pourquoi ne pas écrire une nouvelle page de l'histoire des Verts, interroge le coordinateur sportif et ex-"Ange vert" Dominique Rocheteau, il y a toujours une part de rêve dans le foot, et Saint-Étienne n'est pas non plus un club lambda. »

« C'est le match d'une vie », résume Hamouma à la veille du premier round à Old Trafford, le célèbre théâtre des rêves. Un rêve que Zlatan transforme en cauchemar. Au coup d'envoi, son bilan face à Ruffier est de 14 buts en 13 rencontres, inscrits sous le maillot du PSG. Au coup de sifflet final, le compteur est monté à 17. Un coup franc (inexistant au demeurant) détourné par le mur (17e), une offrande de Rashford (75e) qu'il convertit à bout portant et un penalty plus que douteux (88e, 3-0), le compte n'est pas bon du tout pour ces Verts auteurs d'une bonne entame, mais qui n'ont cadré aucun de leurs 8 tirs.

« On ne méritait pas de mener à la mi-temps, concède Mourinho. On sera peut-être plus concentré au tour suivant. » Pour lui, l'affaire est pliée, et Galtier, qui doit penser la même chose, est en colère : « Je suis déçu pour les joueurs qui ont été victimes de deux grosses erreurs d'appréciation. C'est dommage parce que nous nous sommes créé plus d'occasions que dans certains matchs de Ligue 1. Maintenant, l'exploit va être très compliqué. »

Avant le match retour, le coach fait semblant d'y croire : « Plein de choses peuvent se passer. Il peut y avoir une grosse entame, des faits de jeu. Il faut jouer ce match pour le gagner. »

Le Chaudron a beau être incandescent, rien n'y fait. Mkhitaryan le refroidit très vite en déviant habilement un centre de Mata (16ᵉ, 1-0). Manchester n'a plus qu'à gérer face à des Verts inoffensifs. « Ce but nous a fait mal à la tête, soupire Hamouma. On s'est tiré une balle dans le pied. » « Ce n'est pas une question de volonté. On n'a tout simplement pas eu la capacité de le faire », soupire Galtier.

Finalement, tout cela ressemblait trop à de la Ligue des champions et le terrain de jeu de Saint-Étienne, c'est la Ligue Europa. Rien que la Ligue Europa.

NICE
LA TÊTE AILLEURS

Thilo Kehrer et Alassane Plea au duel dans les airs.

En dehors de quelques matchs de barrages tous perdus, Nice n'a plus fréquenté l'Europe depuis dix-neuf ans. Mais c'est peu de dire que ces retrouvailles difficilement acquises tombent mal. Elles s'entrechoquent avec un parcours inattendu, bluffant et dévorant en Ligue 1.

L'équipe du coach suisse Lucien Favre ne dispose pas d'un effectif suffisant pour jouer sur ces deux tableaux, même si, avec les Allemands de Schalke, les Russes de Krasnodar et les Autrichiens de Salzbourg, elle a hérité d'adversaires à sa mesure.

Les limites des Azuréens apparaissent dès l'entame à domicile contre Schalke. Avec un Mario Balotelli inexistant et un seul arrêt effectué à la 84ᵉ par le gardien allemand, il n'y avait pas grand-chose à espérer sinon une défaite concédée sur un but de Baba (75ᵉ, 1-0). « On a souffert dans le domaine athlétique, dans le déplacement et la technique », analyse Favre. Rien que ça.

La suite est à l'avenant. Nice, qui n'a encaissé que 4 buts en 7 matchs de Ligue 1, en prend 5 à Krasnodar dont 2 en fin de match (86ᵉ et 90ᵉ+3, 5-2). Favre regrette « l'impatience » de ses joueurs et leur « inexpérience ». « À 3-2, on aurait dû faire tourner le ballon. » « Mais il reste quatre matchs, tout est possible », ajoute-t-il.

La victoire à Salzbourg sur un but de Pléa (13ᵉ, 1-0) lui donne raison. La cruelle défaite à domicile – pas une seule occasion de but – contre ces mêmes Autrichiens sur deux buts du Coréen Hwang (72ᵉ et 73ᵉ, 2-0), lui donne tort. « Je ne suis pas surpris, dit Favre. C'est une équipe qui a manqué la C1 de peu. Salzbourg est une bonne équipe. Ce n'est pas une station de ski. »

C'est avec quelques remplaçants, signe d'une forme de renoncement, que Nice se rend à Schalke, où il s'incline logiquement (2-0). « On voit la petite marche qu'il nous reste à franchir pour y arriver, explique le milieu de terrain Koziello. Le match a tourné en leur faveur alors qu'en Ligue 1, c'est plutôt l'inverse. » Favre estime qu'il y a « des choses positives à garder ».

L'ultime succès contre Krasnodar, buts de Bosetti (63ᵉ s.p.) et Le Marchand (77ᵉ, 2-1), en fera partie a posteriori. Débarrassé du boulet continental, Nice va pouvoir se concentrer sur son épatant combat national.

LYON
FAIT LES CHOSES À MOITIÉ

Entrés dans la C3 avec un appétit féroce, les Lyonnais n'ont pu qu'entrouvrir, sans la franchir, la porte de la finale de leur rêve. La faute à des productions en dents de scie, notamment en demi-finale contre l'Ajax.

Lyon a vite fait le deuil d'une C1 qu'il savait ne pas pouvoir gagner, pour plonger à corps perdu dans la Ligue Europa. « La C3 est un objectif inscrit en lettres d'or », clame le président Aulas. « Il faut se mettre minables pour aller le plus loin possible », surenchérit le capitaine Gonalons. Encalminés en Ligue 1, les Lyonnais savent que leur seul moyen de retrouver la C1 la saison suivante est de remporter cette C3.

En 16e de finale, ils héritent d'un adversaire particulièrement conciliant venu des Pays-Bas, l'AZ Alkmaar. Sans se montrer particulièrement brillants, ils écrasent le match aller (4-1, dont un doublé de Lacazette). « On retiendra surtout la victoire, dit Génésio. Il faudra considérablement s'améliorer si on veut espérer quelque chose dans cette épreuve. »

Le temps pour le président d'Aulas d'annoncer que son équipe est en fin de cycle, et qu'elle perdra Lacazette et Tolisso en fin de saison, et le match retour au Parc OL, que les deux hommes débutent sur le banc, est évacué dans la légèreté d'une écrasante victoire (7-1, dont un triplé de Fekir).

« Maintenant, dit Génésio, en mêlant géographie et football, j'aimerais bien rencontrer Manchester pour ne pas avoir à me déplacer trop loin. On a toujours l'ambition d'aller au bout de cette épreuve, mais plein de choses peuvent se passer. » Comme un double affrontement avec la Roma par exemple, un sacré client, alors dauphin de la Juventus en Serie A, même si au matin du match aller elle reste sur trois défaites en quatre matchs.

« On a beaucoup regardé la façon dont cette équipe attaque », souligne Génésio qui aligne une défense centrale biberon, Mammana (21 ans) Diakhaby (20 ans). Pas assez toutefois, car après avoir ouvert le score sur une tête de Diakhaby (8e), les Lyonnais craquent à deux reprises pour cause de glissade de Diakhaby, qui profite à Salah (20e) et de moment d'égarement de Mammana qui fait le bonheur de Fazio (33e). Dans un affrontement dont l'issue semble scellée, l'OL régale d'une seconde période de haute volée pour s'inventer un avenir. Tolisso égalise d'une frappe de 20 mètres (47e). Entré en jeu trois minutes plus tôt, Fekir conclut victorieusement en enchaînement technique admirable (74e). Et dans le temps additionnel, Lacazette fait exploser le stade d'une somptueuse frappe de 20 mètres sans élan en lucarne (90e+2, 4-2).

L'INDISPENSABLE DIAKHABY

« C'est la plus grosse ambiance que j'ai connue », lance Diakhaby. Le gardien Lopes parle d'un « sursaut d'orgueil ». Tolisso

Diakhaby a su s'imposer dans les airs pour l'ouverture du score face à l'AS Roma.

Nabil Fekir réalise un triplé face à l'AZ Alkmaar.

se dit « très fier de la seconde mi-temps ». « On ne voulait pas avoir de regrets, explique Valbuena, on en a trop eu cette saison. Il y a tellement de potentiel dans cette équipe. » L'entraîneur romain Luciano Spalletti déplore quant à lui « le manque de personnalité et de courage » de ses joueurs.

Avant le match retour, il a retrouvé la foi : « Nous avons 60 % de chances de nous qualifier. Je suis convaincu que mes joueurs vont faire un grand match. » « On ne va pas se contenter de défendre pour garder le résultat, répond Gonalons à distance. Ça, on ne sait pas trop le faire. » « Il ne faut pas renier sa culture, confirme Jallet, je suis sûr que le coach aura cet état d'esprit. » « Bien défendre et jouer notre jeu en phase offensive », synthétise Génésio.

Et tout commence pour le mieux sur la pelouse du Stade Olympique, quand le redoutable Diakhaby reprend victorieusement de la tête un coup franc de Valbuena (16e). Le gros hic est que Strootman égalise dans la foulée après une sortie ratée de Lopes (17e). Des occasions énormes de tuer le match, Lyon va en avoir par Valbuena (54e) et Cornet à deux reprises (65e et 85e). Mais son inefficacité l'oblige à vivre dans l'angoisse et les secousses jusqu'au bout, car Jallet, en dégageant malencontreusement sur Tousart, a contraint son jeune équipier à marquer contre son camp (60e, 2-1). La chance est avec l'OL quand Dzeko se voit refuser un but pour un hors-jeu inexistant (75e) et Lopes fait le reste.

Le gardien lyonnais parle d'une « prestation de costauds ». « C'est un exploit, on a été très courageux et on a eu un peu de réussite, souffle Génésio. C'est une grande joie, mais il faut garder beaucoup d'humilité et de mesure. Il y a en tout cas un véritable esprit dans cette équipe. »

Elle va encore avoir l'occasion de le prouver en quart de finale lors d'un sulfureux double affrontement contre les Turcs de Besiktas Istanbul. La présence d'une forte communauté turque dans la région lyonnaise fait craindre un mélange de supporters en tribunes. « On ne peut rien y faire, alerte le président Aulas. On ne peut pas empêcher des gens d'acheter des tickets. C'est un match très important pour l'organisation du Parc OL. »

LE MATCH DE TOUTES LES ANGOISSES

Six compagnies de CRS, au lieu de deux habituellement, et 1 500 stadiers ont été mobilisés. Insuffisant pour éviter des affrontements en dehors du stade puis de graves incidents à l'intérieur de celui-ci. Quand des supporters de Besiktas expédient quelques fumigènes dans la tribune du dessous occupée par des fans

Génésio encourage ses hommes.

lyonnais, c'est l'embrasement. Le terrain est envahi par des spectateurs apeurés. Les deux clubs seront suspendus de participation à une Coupe d'Europe pour deux ans avec sursis. Pour l'instant, l'ordre finit par revenir, grâce notamment à Jean-Michel Aulas qui assistera à la première période dans une tribune, au milieu de supporters, mais la rencontre débute avec 45 minutes de retard.

C'est ici qu'il faut se souvenir que Besiktas domine largement le championnat turc, mais qu'il sera privé de ses deux attaquants stars, Quaresma (blessé) et Aboubakar (suspendu). Les Lyonnais jouent sans leur capitaine Gonalons, lui aussi suspendu, et entrent péniblement dans la partie, concédant deux grosses occasions à Marcelo avant de céder sur une frappe croisée de Babel (15e). Un tir sur la barre de Fekir (20e) sera la seule alerte de la première période sur le but turc. Rien dans la seconde période ne laisse supposer un renversement de tendance, surtout après l'échec de Lacazette seul face au gardien Fabricio (71e) puis une tête de Tolisso sur le poteau (79e). Mais le football est un sport magique. Quand tout semble perdu, Lyon prend les devants en 73 secondes chrono. Un extérieur du droit de Tolisso sur un coup franc de Valbuena mal repoussé (83e) précède une énorme bévue de Patricio qui rate un dribble devant son but pour la plus grande joie de Morel (84e, 2-1).

Après tant d'angoisses, un espoir est né, et les Lyonnais ne veulent pas le laisser s'éteindre. Ils se tournent déjà vers le match retour dont leurs supporters seront privés. « Ce sera électrique, ce sera bouillant, prévient Gonalons, mais on est tous pareils, on adore ça. Ce sont des moments incroyables. »

Sous la pression de 42 000 supporters turcs enflammés, l'OL tient le choc vaille que vaille. Talisca ouvre le score (27e), mais Lacazette, servi par Gonalons, réplique très vite (34e), avant de frapper sur le poteau (41e). Et quand l'avant-centre lyonnais sort perdant d'un tête-à-tête avec Fabricio (71e), Besiktas a déjà repris l'avantage par l'intenable Talisca (58e, 2-1). Babel gaspille ensuite une énorme occasion (85e), mais Lacazette touche la transversale (90e). La prolongation est étouffante. La plus belle possibilité de K-O est pour Tolisso dont la reprise subtile est sauvée in extremis par Fabricio (112e).

Les tirs au but décident de l'issue de l'affrontement et à ce jeu, après avoir beaucoup tremblé, l'OL sauve sa peau grâce à l'échec des Serbes de Besiktas Tosic et Mitrovic puis à une réussite ultime de Jallet qui gomme le raté de Gonalons (2-1, 7-6 aux tirs au but).

NAUFRAGE DANS LA POUPONNIÈRE

« La Coupe d'Europe nous a procuré énormément d'émotions parce qu'on a mis tous les ingrédients qu'il faut pour être performants, ce qui n'a pas toujours été le cas en Ligue 1 », constate Valbuena. « C'est une équipe qui franchit des paliers dans les grands matchs et garde son idée de jeu dans la difficulté », analyse

Face-à-face manqué de Younes devant le gardien lyonnais.

l'ancien sélectionneur et entraîneur de Lyon Raymond Domenech.

L'idée de jeu, l'esprit du jeu, voilà l'atout principal de l'adversaire à venir. L'Ajax Amsterdam, c'est évidemment une tout autre histoire et surtout une grande Histoire. Avec les années et la libre circulation des joueurs, le club du grand Johan Cruyff a perdu de sa superbe. Mais il s'est sans cesse renouvelé et n'a jamais transigé avec un style de jeu tourné vers un football total et offensif, produit désormais par une formation incroyablement juvénile. Sept des onze titulaires du match aller ont 20 ans ou moins.

« Il faudra dérouler notre jeu comme on l'a fait à Istanbul, explique Génésio. Ce sera un match très ouvert. Il faut s'attendre à deux parties très difficiles face à une formation très joueuse. » L'entraîneur hollandais Peter Bosz, qui a bien travaillé son sujet, est prudent : « Lyon était dans une meilleure forme quand il a affronté Alkmaar, mais ça reste une grande équipe. »

Une grande équipe qui va avoir tout faux ce soir-là en dépit d'une entame plutôt réussie. Les deux premières véritables occasions de l'Ajax se transforment en buts grâce à une tête de Traoré (25e), un jeune Burkinabé de 21 ans prêté par Chelsea, et une frappe de Dolberg (19 ans) qui profite d'un dégagement raté de Lopes (34e). C'est un ballon perdu par Tousart qui permet à Younes (23 ans) d'inscrire un troisième but (49e). Il ne manque pas grand-chose à Lyon pour sauver l'essentiel. Le but de Valbuena sur une belle frappe de 16 mètres (66e) est suivi d'un face-à-face gagné par le gardien Onana devant Fekir (68e). Et le manque de réaction de Gonalons, qui permet à Traoré de marquer à nouveau (71e, 4-1), sonne le coup d'envoi d'un affreux dernier quart d'heure au cours duquel Lopes doit se démultiplier pour éviter un naufrage total face à la sarabande de la pouponnière adverse. Bosz n'en revient pas : « Ce fut un match très bizarre, explique-t-il. Nous l'avons mal commencé et à l'arrivée on aurait pu marquer sept ou huit buts. »

L'analyse de Génésio est sans concession : « Nous avons manqué de justesse technique, de vitesse dans nos transmissions, toute l'équipe a failli défensivement. » « Ils ont une philosophie de jeu très forte, déclare Gonalons. On a eu du mal à ressortir les ballons. » « On est bien entrés dans le match et on finit par prendre des buts cons. C'est désolant dans une demi-finale européenne », soupire Tousart.

LACAZETTE N'A PAS SUFFI

C'est l'heure pour Lacazette, convalescent et entré en jeu pour les vingt dernières minutes, d'appeler à la révolte : « Aujourd'hui, on n'était pas là, mais l'important, c'est d'y croire. » Très vite, Génésio embraye sur le même registre : « L'union sacrée est proclamée et on est tous convaincus que l'exploit est possible. »

Jusqu'au coup d'envoi du match retour ce discours est rabâché. « J'ai envie de marquer et d'être décisif », lance Lacazette. « La présence d'Alex au coup d'envoi change tout, affirme le président Aulas. Quand il est là, c'est un énorme plus pour nous », confirme Gonalons. « On va jouer plus qu'un match, explique Valbuena. On ne va pas tout réussir, mais la détermination devra être maximale. Un exploit, ça se construit. »

Devant 53 000 supporters survoltés, c'est un peu à l'envers que l'OL entame sa construction. Comme trop souvent depuis le début de la saison, sa première période est insuffisante face à la fluidité technique des jeunes Hollandais. Lopes, qui a magistralement sauvé devant Ziyech (25e), s'incline face au ballon piqué de Dolberg (27e). Cela ressemble à un coup de grâce.

Rien n'indique alors que l'OL, toujours en quête d'un véritable collectif, va refaire le coup de Besiktas en inscrivant deux buts en une minute. Pourtant, juste avant la mi-temps, l'indispensable Lacazette transforme un penalty qu'il a obtenu (45e). Puis il reprend à bout portant un centre-tir de Fekir (45e+1). Parfois le foot est fou. Totalement débridée, émaillée d'occasions de part et d'autre et de cartons jaunes à la pelle, la seconde période en est une nouvelle preuve.

Cornet (54e), Fekir (65e) et Rybus (76e) gâchent des situations idéales. Klaassen fracasse la transversale de Lopes (79e), Traoré détruit une occasion en or (80e). On n'a encore rien vu. Ghezal, qui vient de remplacer Valbuena, reprend victorieusement de la tête un centre de Rybus (81e, 3-1). La route de l'exploit est d'autant plus ouverte que le défenseur Viergever se fait expulser (85e). Hélas, ni Lacazette (87e) ni surtout Cornet, idéalement placé, mais dont la frappe est trop croisée (89e), ne parviennent à inscrire ce but synonyme de prolongation et sans doute de qualification. L'OL a raté son grand défi. Tout cela sent la fin d'une génération.

Les Lyonnais sont dévastés. « Ça fait mal, soupire Cornet. On a pourtant fait le match qu'il fallait. » « Quelle déception, souffle Lacazette. On a tout donné. Cette double confrontation est à l'image de notre saison. On est capables du pire comme du meilleur. » « C'est un gros coup d'arrêt, reconnaît Génésio, une grosse déception. On croyait tous dur comme fer qu'on allait le faire. C'est frustrant par rapport au potentiel offensif que l'on a. »

Contre mauvaise fortune, le président Aulas fait bon cœur : « On va tout de même se qualifier pour une Coupe d'Europe pour la 21e saison de rang. Et on la disputera avec certains joueurs que l'on annonce déjà partis. »

Puisse-t-il dire vrai.

Lacazette a marqué 4 buts en 6 rencontres de Ligue Europa.

MOURINHO, POGBA MÊME COMBAT

Deux jours après l'affreux attentat terroriste qui avait frappé la ville, Manchester se devait de remporter cette finale contre l'Ajax. Sur le terrain, Pogba a fait ce qu'il fallait. Sur la touche, Mourinho a confirmé son statut de « Special One ».

Toute autre issue était impossible. Pour le symbole. Pour la gloire des martyrs, ces 22 morts fauchés quarante-huit heures plus tôt dans une salle de spectacle de Manchester par la folie d'un terroriste. Pour tous ces blessés. Pour toute une ville, pour tout un pays.

Au pied de la quatrième finale continentale de sa carrière, José Mourinho n'avait même plus besoin de parler, de motiver, de planifier. Tout était biaisé, faussé. Et sublimé. Comme toujours, il fallait jouer parce que la vie doit toujours reprendre le dessus. Le plus vite possible. « Les victimes et leurs familles ne peuvent sortir de nos esprits et de nos cœurs, avait-il écrit dans un communiqué avant la rencontre. Nous avons un boulot à faire, nous irons le faire. Il est regrettable que l'on ne puisse pas se déplacer avec le bonheur qui nous accompagne toujours avant un grand match. »

Du bonheur, il y en eut pourtant. Mais après, seulement après, une fois la classe biberon de l'Ajax Amsterdam laminée, liquidée, mise dans l'incapacité absolue de pouvoir prétendre à autre chose qu'à une défaite honorable. Tout avait milité contre elle. La force supérieure de sa rivale et la motivation exacerbée qui l'habitait.

C'était un soir où l'on se moquait un peu de la piètre qualité du spectacle, de la machine infernale et peu excitante construite par le « Special One » pour étouffer son adversaire.

Un an tout juste après la mort de son véritable inventeur Johan Cruyff, une victoire de l'Ajax aurait été un merveilleux clin d'œil qui n'était déjà plus qu'un simple fantasme avant même le coup d'envoi.

MANCHESTER DANS LE CLUB DES CINQ

À Solna, en Suède, sous les yeux du grand absent, le charismatique Zlatan Ibrahimović, devenu un diable boiteux après une opération du genou, c'est Paul Pogba qui prit le relais et se chargea de donner le ton avec une première frappe dès la 24e seconde. Pour le milieu de terrain français débarqué quelques mois plus tôt de la Juventus en échange de 105 M€, record du monde battu, le challenge était essentiel au bout d'une saison mitigée. Chacune de ses performances avait été jugée à l'aune de cette somme faramineuse et le fardeau avait été parfois lourd à porter. L'argent ne rend pas forcément meilleur. Et puis, au drame collectif s'ajoutait un drame personnel, la

L'Ajax de Schöne n'a rien pu faire contre Manchester et un Pogba décisif.

Le capitaine des dernières minutes, Wayne Rooney, soulève le premier titre en Ligue Europa des Mancuniens.

perte de son papa quinze jours auparavant. De quoi décupler son envie.

En l'absence de Zlatan et de Wayne Rooney, le mythique leader de jeu confiné sur le banc depuis de nombreuses semaines, Pogba comprit qu'il devait reprendre le flambeau. La frappe lointaine qu'il décocha après 18 minutes de jeu n'aurait peut-être pas fait mouche si Sanchez ne l'avait pas déviée, mais un but est un but et celui-là – le onzième inscrit par un Français lors d'une finale européenne –, on le sentait, scellait le sort du match avant l'heure.

Le buteur pointa un doigt vers le ciel en se frappant plusieurs fois le cœur. Oubliées les deux finales perdues avec la Juventus en C1 en 2015 et les Bleus à l'Euro en 2016. L'inexorable était annoncé. Tout le monde avait compris que Manchester allait bientôt rejoindre Chelsea, le Bayern, la Juventus et l'Ajax dans le petit cercle des clubs détenteurs des trois compétitions européennes, la C1, la C2 (la défunte Coupe des vainqueurs de Coupes) et la C3.

Le second but inscrit par Mkhitaryan d'une reprise de volée à bout portant, après une tête de Smalling repoussée par le gardien Onana (48e, 2-0), sonna la fin du combat. Il ne restait plus qu'à attendre la liesse finale.

L'OFFRANDE FAITE À ROONEY

Auparavant, Mourinho, qui a tous les talents, eut la délicatesse de faire entrer Rooney (89e) et de lui confier le brassard de capitaine afin que ce soit lui, enfant chéri du club et des supporters, qui reçoive et brandisse le trophée.

Pour le Portugais, il s'agissait donc d'un quatrième sacre européen en quatre finales après ses succès avec Porto (C3 en 2003 et C1 en 2004) et l'Inter Milan (C1 en 2010). Soudain, l'homme qui a été sacré champion dans les quatre grands championnats récupérait toute son aura, tout son magnétisme, toute sa magie, au terme d'une saison régulière pénible que Manchester venait de finir certes avec une Coupe de la Ligue en poche, mais à une médiocre sixième place non qualificative pour la Ligue des champions. Un détail essentiel que le triomphe du jour venait de gommer puisqu'il offrait à MU le droit d'intégrer la compétition phare.

Pour Mourinho sonnait l'heure d'un ultime bilan, frappé comme d'habitude au coin du bon sens et de la provocation mélangés : « Nous venons de conclure une saison très difficile, mais très bonne en termes de palmarès. Nous préférons rejoindre la Ligue des champions de cette façon plutôt qu'en terminant deuxièmes, troisièmes ou quatrièmes. Ce soir, nous n'avons pas brillé, mais quand vous dominez dans les airs vous devez jouer long. Il y a beaucoup de poètes dans le foot, seulement les poètes ne gagnent pas beaucoup de titres. »

On a le droit de ne pas aimer Mourinho. Mais comment ne pas s'incliner respectueusement devant son palmarès ?

L'ULTIME
FACE-À-FACE

Les Lyonnaises arrachent aux tirs au but leur quatrième victoire en Ligue des champions.

Pour enlever son quatrième titre de champion d'Europe et le troisième triplé de son histoire, l'OL a dû déployer toute son énergie face à une équipe du PSG qui n'est pas passée loin de l'exploit.

Ces deux équipes-là ne s'aiment pas du tout. Alors, au moment où, à Cardiff, la capitaine lyonnaise Wendie Renard reçoit une nouvelle Ligue des champions, les Parisiennes ne regardent pas, préférant partager l'instant avec leurs supporters.

C'est déjà un petit miracle d'avoir retrouvé le PSG à ce niveau. L'été précédent, au moment où l'ex-entraîneur des filles de l'OL (2010-2014), Patrice Lair, a pris en main l'équipe parisienne, il a assisté à un exode massif. Il lui a fallu reconstruire en panachant l'expérience et la jeunesse.

Rien à voir avec l'OL de Gérard Prêcheur, qui a réalisé au printemps 2016 un fameux triplé, C1-L1-Coupe de France. Truffé de joueuses vedettes venues de tous les horizons, l'OL est une sorte de tour de Babel pas facile à gérer, mais a priori très au-dessus du lot français et européen.

Trois fois les rivales se sont affrontées dans le courant de la saison. Victorieux en décembre (1-0), le PSG a pris la tête du championnat. Mais il n'a pas tenu la distance. Il a même cédé la deuxième place et la qualification pour la Ligue des champions 2017-2018 à Montpellier.

La Ligue 1 est encore trop disparate et déséquilibrée. Pour conquérir ce quinzième titre de l'histoire du club, les Lyonnaises ont gagné 21 matchs sur 22, inscrivant 103 buts et n'en encaissant que 6.

En C1, elles écrabouillent parfois certains adversaires, mais ce monde-là leur va bien. Et l'affrontement ultime sent le soufre.

CE MATCH-LÀ EST LOIN D'ÊTRE TERMINÉ.

La finale de la Coupe de France qui a opposé dix jours plus tôt les deux formations a fait ressortir les pires travers de cette rivalité entretenue par un Patrice Lair revanchard. C'est aux tirs au but que l'OL s'est imposé (1-1, 7-6). La tension a été permanente tout au long de la rencontre et les noms d'oiseaux ont souvent volé bas entre ces meilleures ennemies.

Lair a justifié ce comportement : « On dit que le football féminin est agréable à regarder, mais non, le foot, c'est un combat et il n'y a que les vainqueurs qui comptent. Je veux faire de Paris une machine de guerre comme Lyon. »

Le scénario est planté. En face, le président Aulas a déjà fait savoir à son entraîneur, dont il ne partage pas les méthodes de management, qu'il devra céder sa place à Reynald Pedros à la

Les Lyonnaises n'ont pas craqué, et notamment leur gardienne Sarah Bouhaddi.

rentrée 2017. Et Prêcheur a mis trois joueuses à l'écart pour raisons disciplinaires. Lyon tangue un peu, sauf qu'il n'est pas prêt à céder, surtout contre Paris.

LE BRAS DE FER DES GARDIENNES

Ce soir-là, l'engagement est féroce et les déchets techniques sont nombreux. Le spectacle n'est pas au rendez-vous. L'enjeu tue le jeu. Privé dès la 18e de sa superstar américaine Alex Morgan, insuffisamment remise d'une blessure, Lyon a la maîtrise du ballon. Les trois plus belles occasions sont pourtant parisiennes. Cruz (33e), Delie (63e) et Boquete (90e+6) ne parviennent pas à conclure. Et la gardienne polonaise de Paris, Kiedrzynek, se joue des quelques tentatives adverses.

La prolongation n'y fait rien. Une nouvelle fois, les tirs au but trancheront. Katarzyna Kiedrzynek repousse le tir de Le Sommer, Sarah Bouhaddi celui de Geyoro. Les huitièmes frappes sont celles des gardiennes. Kiedrzynek se troue complètement, Bouhaddi envoie les siennes au paradis (0-0, 7-6) et l'OL, avec ce quatrième succès, après ceux de 2011, 2012 et 2016, égale Francfort.

« Je ne suis pas une héroïne, déclare Bouhaddi. J'ai pris mes responsabilités. On est fières de notre saison. On avait pour objectif de réaliser le triplé. On l'a atteint. »

Victime d'une double peine, puisque son PSG a aussi perdu définitivement en route sa qualification européenne, Lair préfère se projeter dans l'avenir : « Les filles ont été au top. Avoir poussé Lyon deux fois aux tirs au but, c'est pas mal. On va se structurer, se renforcer et cette C1, on reviendra la chercher. » Le président Aulas voit lui aussi plus loin : « On a passé des moments difficiles et c'est bien d'égaler Francfort, mais ce serait tellement mieux de passer devant. On se projette déjà. »

À l'évidence, ce match-là est loin d'être terminé.

ÉQUIPE DE FRANCE

À CONJUGUER AU FUTUR

Sur la route du Mondial russe, les Bleus ont concédé deux défaites majeures, en match amical contre l'Espagne et en match officiel en Suède. Mais l'arrivée d'une génération magique de jeunes attaquants surdoués est un don du ciel pour Didier Deschamps.

Sa douloureuse défaite en finale de l'Euro contre le Portugal à peine digérée, la bande à Deschamps se lance dans une nouvelle aventure, mondiale cette fois-ci, avec en ouverture un excitant match amical en Italie. Le sélectionneur n'a pas la mémoire courte. « Je n'oublierai jamais les attaques. Ce qui a été dit est inacceptable », dit-il. Ses cibles se nomment Cantona et Benzema, qui l'ont taxé de racisme. Pour l'attaquant du Real Madrid, l'espoir de retrouver l'équipe de France avant la fin de saison est nul.

Côté terrain, on retrouve Deschamps tel qu'en lui-même : « Avant de pouvoir dire qu'on veut aller en Russie pour gagner, il faut déjà avoir l'humilité et la lucidité de penser à se qualifier. » À Bari, en 9 rencontres, la Squadra ne s'est jamais inclinée. « Chaque match rapproche les Italiens du jour où ils n'y gagneront pas », ironise Deschamps. Les Bleus débarquent sans leur capitaine Lloris, blessé. Sagna, Lacazette, Fekir, Coman et Cabaye sont également forfaits. Quant à Évra, il a été mis en réserve de la République.

En revanche, Varane est de retour et le jeune Dembélé (19 ans), passé de Rennes à Dortmund, fait partie du groupe. Avec Sidibé et Kurzawa en arrières latéraux, un milieu Kanté, Pogba, Matuidi et une attaque Griezmann, Giroud, Martial, les Français, pas plus troublés que ça par les quelques sifflets qui ont perturbé *La Marseillaise* (le légendaire capitaine italien « Gigi » Buffon les a fait cesser d'une intervention magistrale), font comme chez eux. Ils ouvrent le score par Martial, que Pogba propulse seul vers le but (17ᵉ). Une frappe en pivot de Pellè, qui passe entre les jambes de Varane puis trompe Mandanda, recrée l'équilibre (21ᵉ). Mais, très vite, Giroud, servi par une tête de Kurzawa, assomme les Italiens d'une frappe croisée du gauche (28ᵉ).

En seconde période, Dembélé effectue ses débuts, assez neutres, en remplacement de Griezmann (63ᵉ), et Kurzawa, d'un tir du gauche dans un angle fermé, se joue de Donnarumma (18 ans), qui a pris la place de Buffon (38 ans), pour donner une belle ampleur au score (81ᵉ, 3-1).

Deschamps est heureux : « Ça m'a plu, même si on n'a pas tout bien fait. Quand on a pu leur faire mal, on leur a fait mal. C'est une victoire importante pour le groupe. »

QUAND POGBA FAIT DÉBAT

L'affiche suivante, qui marque le début des qualifications, est un peu moins prestigieuse et beaucoup moins clinquante. En Biélorussie, après une première période totalement ratée,

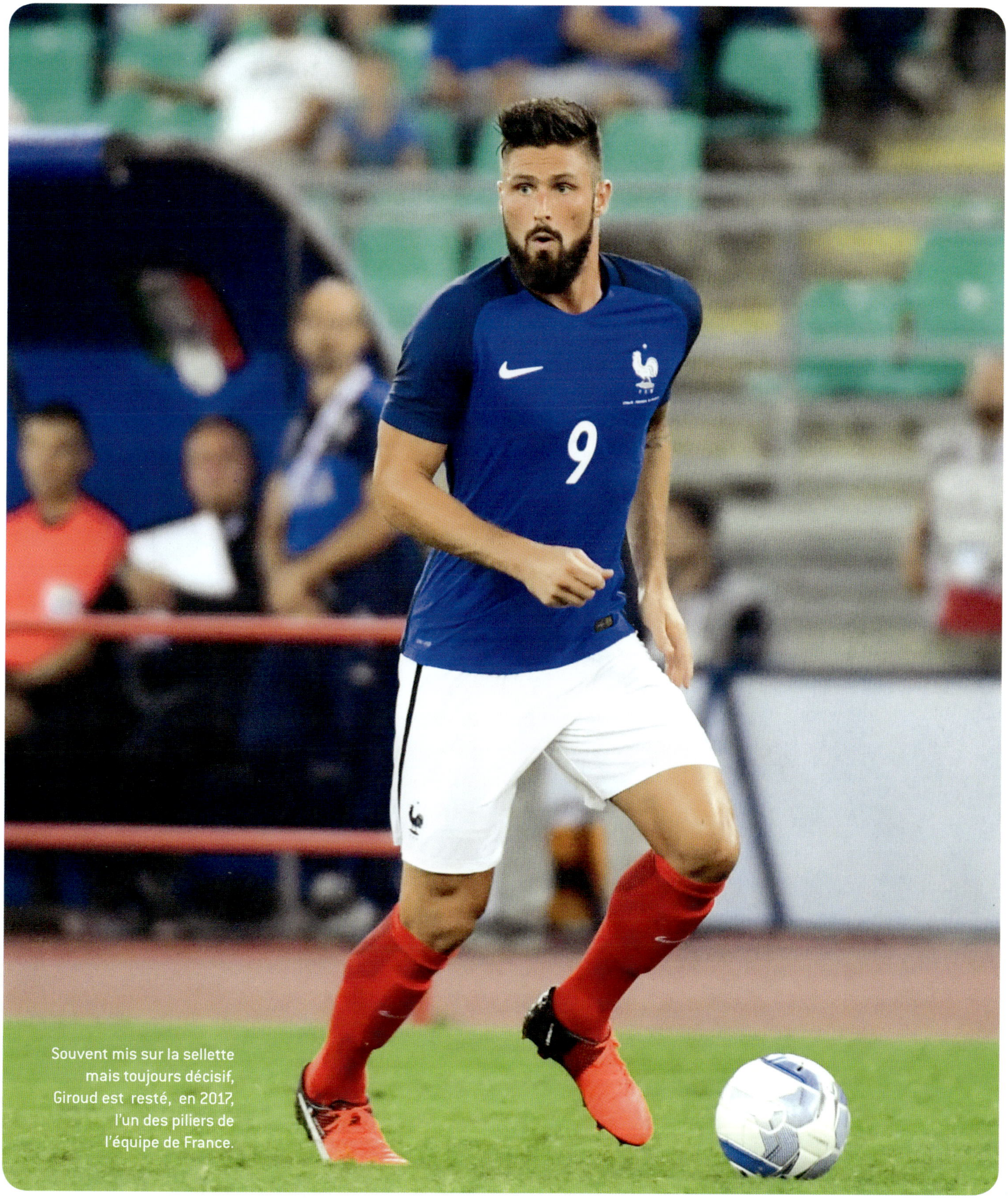

Souvent mis sur la sellette mais toujours décisif, Giroud est resté, en 2017, l'un des piliers de l'équipe de France.

Patrice Évra de retour contre la Suède (2-1 le 11 novembre 2016).

Deschamps lance Payet, Gameiro et Dembélé dans le courant de la seconde mi-temps. Pour un résultat identique (0-0). Les Bleus ont tiré 24 fois au but, mais Giroud, qui a touché la transversale (58e), et Griezmann ont raté de belles opportunités.

« En seconde mi-temps, on a fait ce qu'il fallait, on a tout tenté, résume Deschamps. C'est ça, le football. En Italie, on marque trois fois avec trois occasions et là on en a sept ou huit. C'est une contre-performance comptable. » « Nous ne sommes pas abattus, tous les matchs sont compliqués », rappelle Sissoko.

Ce pénible tour de chauffe achevé, il faut maintenant se projeter sur la Bulgarie et les Pays-Bas, adversaires de l'automne. Le défenseur central parisien Kimpembe (21 ans), 13 matchs de Ligue 1 au compteur, est appelé après les forfaits de Rami, Umtiti et Mangala. Giroud est également blessé. Deschamps choisit d'associer en attaque Griezmann et son nouveau coéquipier à l'Atlético Madrid, Gameiro.

C'est la première fois depuis la claque de 1993 au Parc des Princes, qui avait vu leurs « ancêtres » expulser les Bleus du Mondial 1994, que les Bulgares reviennent en France. Mais ceux-là, qui viennent de battre péniblement le Luxembourg dans le temps additionnel (4-3), sont moins abrasifs.

Certes, au Stade de France, ils ouvrent le score par Aleksandrov sur un penalty concédé par Sidibé (6e), mais le duo madrilène leur fait la peau. Une tête décroisée de Gameiro (23e), un centre de Payet pour Griezmann qui file directement dans le but (26e), une énorme erreur de relance qui profite à Griezmann (38e) et un centre de Griezmann pour Gameiro qui marque à bout portant (59e, 4-1) scellent tranquillement l'affaire.

Deschamps fait le difficile : « On a été parfois perforés. Trop à mon goût. » Moins en tout cas que les Bulgares. Tout le monde a compris que l'affaire serait moins simple face à une équipe de Hollande forcément revancharde après les multiples faux pas qui lui ont fait rater l'Euro. Le débat tourne alors autour de Pogba dont la prestation face aux Bulgares a été jugée, comme très souvent, insuffisante. Le capitaine Hugo Lloris s'exprime subtilement sur le sujet : « Paul doit assumer son transfert record à Manchester (plus de 100 millions d'euros), mais il a plein de qualités et beaucoup de talent. Je comprends les attentes autour de lui. Il y en a aussi dans le vestiaire. »

UNE SURPRISE NOMMÉE ÉVRA

À Amsterdam, Pogba répond de la plus belle des façons en inscrivant l'unique but du match d'une frappe puissante du droit qui échappe au gardien hollandais Stekelenburg, bien maladroit sur ce coup-là (30e, 1-0). Les Bleus maîtrisent. Les Hollandais doivent attendre la 89e pour se créer enfin une véritable occasion. Lloris repousse en catastrophe la frappe de Depay.

« Ce n'est pas toujours agréable d'entendre des critiques, commente le héros du jour, mais j'ai la chance de jouer pour mon pays, donc je me donne à 100 %. Je cherche à créer. J'apprends encore. Je n'ai que 23 ans. »

Lloris est satisfait : « Ça allait bien avant le match, ça va très bien après. » Deschamps est soulagé : « Ce n'est pas une victoire décisive, mais c'est un tournant. Quant au match de Paul, il est plus conforme à ce qu'il est capable de faire. »

Un mois plus tard, c'est la Suède, sans son retraité international, Zlatan Ibrahimović, qui débarque au Stade de France. Pour la première fois, le milieu parisien Rabiot fait partie d'un groupe qui récupère Giroud et Évra, lequel profite du forfait de Kurzawa. Désormais remplaçant à la Juventus, le chevronné défenseur (35 ans) se retrouve titulaire. « Je n'avais jamais dit qu'il ne reviendrait plus, se justifie Deschamps. C'est quelqu'un qui met une bonne ambiance, mais s'il est là, c'est surtout pour ses qualités footballistiques. »

La vérité oblige à dire qu'elles seront un peu en berne ce soir-là. Les Bleus ne sont pas à la fête face à une équipe suédoise gaillarde et spoliée de deux penalties sur la même action (11ᵉ), tant les fautes de Giroud puis Sidibé semblaient évidentes.

C'est donc sur un coup franc lointain de Forsberg que les Bleus craquent (54ᵉ). L'affront les réveille. Un solide coup de tête de Pogba sur un centre de Payet leur permet d'égaliser très vite (57ᵉ). Dans la foulée, le gardien suédois Olsen relâche le ballon sous la pression de Griezmann, à l'évidence hors jeu, mais pas encore menacé par l'arbitrage vidéo, et Payet marque dans le but vide (65ᵉ, 2-1). Bousculés jusqu'au bout, les Bleus devront encore survivre à une énorme occasion de Thelin seul face à Lloris (86ᵉ) et à un centre de Forsberg sur la barre (87ᵉ).

Après coup, Matuidi prend le problème à l'envers : « On est craints, on le sent. À nous de trouver des brèches contre ces blocs-là. » « Il a fallu être patients ; la Suède nous a posé des problèmes », reconnaît Varane. Pour Deschamps, comme d'habitude : « Il n'y a que le résultat qui compte. » Dans *L'Équipe*, l'ancien capitaine des Bleus Manuel Amoros (82 sélections) est tranchant : « Le bloc défensif dans son ensemble n'a pas été très bon et Sidibé était à la ramasse. »

LA GRANDE PREMIÈRE DE MBAPPÉ

La suite est une corvée. Un match amical contre la Côte d'Ivoire à Lens. Le genre de supplément qui ne peut pas plaire aux joueurs en cette période embouteillée de l'année. Avec une équipe très remaniée, dans laquelle Costil, qui supplée Lloris et Mandada blessé, et le jeune Parisien Rabiot effectuent leurs grands débuts, la rencontre est une purge qui se termine sur un score très nul et très vierge (0-0). Encore a-t-il fallu que Costil fasse un miracle en repoussant sur le tard une reprise de Pépé (89ᵉ), après avoir vu un tir de Traoré heurter un poteau (11ᵉ).

Le gardien rennais est bien le seul à avoir le sourire à l'issue de cette purge : « J'ai vécu un scénario incroyable. Je me sens enfin international. Ça va en faire rire quelques-uns. » « Certains doivent faire plus et mieux, surtout plus », grince Deschamps qui ajoute toutefois : « Si toutes les années sont comme ça, je prends. » En 2016, les Bleus n'ont cédé qu'une fois. En finale de leur Euro, hélas.

Près de quatre mois plus tard, la publication de la liste pour affronter le Luxembourg, puis l'Espagne en match amical, est un événement. Pas parce que Pogba, suspendu un match, et de toute façon blessé, n'en fait pas partie, mais en raison de la présence dans le groupe du jeune prodige monégasque Kilyan

Paul Pogba,
buteur aux Pays-Bas
(1-0, le 10 octobre 2016).

Mbappé, 18 ans et 3 mois. C'est le premier joueur né après la conquête du titre mondial 1998 à connaître un tel honneur. « Le retenir me donne un coup de vieux », confesse Deschamps, capitaine des Bleus de 1998.

Les Monégasques Mendy (22 ans) et Bakayoko (22 ans), le Marseillais Thauvin (24 ans) et le Lyonnais Tolisso (22 ans) sont également de l'aventure.

Tandis que Benzema, qui lui a la mémoire courte, lance un vain appel au secours (« Je vis mal mon absence car j'aime le foot. Je suis sélectionnable. J'aimerais que Didier Deschamps m'explique pourquoi il ne m'a pas appelé et pourquoi ça dure »), Deschamps rappelle que « c'est un match qui vaut autant de points que celui aux Pays-Bas ».

Dans le vieux stade Josy-Barthel plein à craquer de 8000 spectateurs, avec Dembélé, Mendy, Kanté et Umtiti titulaires, la France ne se fait pas piéger. Giroud ouvre le score en reprenant un centre en retrait de Sidibé (28e), Matuidi commet certes une faute sur Mota Alves qui permet à Joachim de devenir le premier buteur luxembourgeois contre la France depuis Romain Michaux en 1978 (34e), mais, très vite, ce même Mota Alves commet à son tour une faute sur Sidibé. Griezmann transforme le penalty (37e) et redonne aux siens un avantage que Giroud conforte en seconde période d'une jolie tête sur un centre de Mendy (77e, 3-1), son 23e but en bleu. Entré en jeu à la 78e, Mbappé a failli marquer une minute plus tard.

Deschamps explique ce que l'on dit toujours en pareil cas : « Le match a été compliqué, l'adversaire a bien défendu. » Il est déjà tourné vers la réception de l'Espagne du nouveau sélectionneur toujours invaincu Julen Lopetegui (5 victoires, 2 nuls) pour ce qui va constituer un test d'une tout autre dimension.

LA VIDÉO CRUELLE ET SÉDUISANTE

Curiosité supplémentaire, pour la première fois et à titre expérimental, un arbitrage vidéo sera mis en place pour quatre cas précis dont évidemment le hors-jeu et les penaltys. Avec un milieu de terrain inédit Kanté, Rabiot, Tolisso et une attaque Griezmann, Mbappé, Gameiro, les Bleus font illusion dix minutes, le temps pour Mbappé de se créer une belle opportunité repoussée par David de Gea (5e), avant de tanguer dangereusement. Fidèles à leur infaillible système de jeu fait de passes redoublées, les Espagnols s'emparent du ballon et étouffent leurs adversaires. Les Français sont submergés. Ils résistent avec courage, et un peu de chance, pour conserver l'équilibre du score jusqu'à la mi-temps.

Kevin Gameiro, double buteur lors de la victoire des Bleux face à la Bulgarie (4-1), le 7 octobre 2016 au Stade de France.

Sortie *in extremis* de Lloris face à Toivonen.

À la reprise, avec Bakayoko à la place de Rabiot, les Bleus pensent avoir réussi un joli hold-up quand un centre de Jallet parvient à Kurzawa. L'arrière parisien remet de la tête pour Griezmann qui marque (48e). Tandis qu'ils font la fête, l'arbitre allemand Felix Zwayer entre en contact avec son collègue qui revisionne l'action dans un car-vidéo à l'extérieur du stade et signale, au bout de 40 secondes, un hors-jeu évident de Kurzawa.

Sauvés par ce gong d'un genre nouveau, les Espagnols reprennent leur domination. Bakayoko perd sottement un ballon que Deulofeu récupère pour s'enfoncer dans la surface où Koscielny le percute. Penalty, indique l'arbitre sans demander l'assistance vidéo. David Silva trompe Lloris (67e). Dix minutes plus tard, sur un long centre au second poteau de Jordi Alba, Deulofeu enfonce le clou. Heureusement, l'arbitre assistant a levé son drapeau. Sauf que M. Zwayer en appelle à la vidéo qui prouve en 52 secondes qu'il n'y avait pas hors jeu (77e, 2-0).

Les commentaires balancent entre frustration et acceptation. « C'est rageant de voir un but annulé deux minutes après que tu l'as fêté, déclare Gameiro. Mais on ne va pas se cacher derrière ça. C'est aussi dans la défaite que l'on apprend. » « Ça a aidé l'arbitre, tant mieux pour lui », grince Griezmann. « Il ne faut pas résumer le match à la vidéo, ajoute Deschamps. Si elle permet de corriger des erreurs, ça me semble logique pour l'équité sportive. Le fait est que l'Espagne est toujours à un très très haut niveau. Un niveau où la moindre erreur a des conséquences immédiates. » Dans *L'Équipe*, Bixente Lizarazu enfonce le clou : « L'assistance vidéo ne suffit pas à expliquer la défaite. Elle ne dit rien des immenses difficultés rencontrées par la France, dans l'entrejeu notamment. »

L'INCROYABLE BOURDE DE LLORIS

Pour le triptyque de fin de saison, Didier Deschamps convoque 26 joueurs. Coman, Gameiro, Martial, Mandanda et forcément Benzema, en dépit d'un cri du cœur pro-bleu, sont les grands absents. À Rennes, le Paraguay n'est qu'une sorte de punching-ball. Giroud inscrit trois buts à une touche de balle, deux du gauche et un de la tête (6e, 13e, 69e). En sélection, personne n'avait fait aussi bien depuis Trezeguet en 2000 contre une sélection FIFA. Avec 26 buts, l'attaquant d'Arsenal devient le 9e meilleur buteur de l'histoire des Bleus, à une unité de Benzema. Sissoko (76e) et Griezmann (77e, 5-0) sont les autres réalisateurs d'une soirée sans nuages. Désormais gardien bleu le plus capé avec 88 sélections (87 pour Fabien Barthez), Lloris n'a rien eu à faire. « En Suède, il y aura plus de pression, ce sera plus difficile », estime Giroud.

Pour cet ultime match officiel de la saison, Deschamps récupère Varane tout frais vainqueur de la C1 avec le Real. « Les anciens doivent se battre pour leur place », explique Payet qui est titulaire, tout comme Sissoko, qui n'a pourtant débuté que huit matchs avec Tottenham. Le sélectionneur a fait dans le classique et la sécurité. Cela semble lui réussir quand Giroud ouvre la marque d'un but splendide, d'une volée du pied gauche croisée après contrôle (37e). Mais une négligence défensive de Payet permet au Toulousain Durmaz d'égaliser (43e).

La seconde mi-temps est largement dominée par les Bleus. Une tête de Griezmann sur le gardien Olsen (53e) et un tir lointain de Pogba au ras du poteau (55e) sont les points d'orgue de ce temps fort, avant les entrées des jeunes Monégasques Mbappé et Lemar (76e).

Ce dernier est un poison pour la défense suédoise, mais rien n'y fait. Les Français, qui n'ont guère séduit, vont devoir se contenter d'un point. Jusqu'à cette dernière et incroyable action qui voit Lloris, servi en retrait par Sidibé, s'aventurer et dégager directement sur l'autre Toulousain Toivonen qui reprend et marque du rond central (90e+4, 2-1). La foudre s'abat sur les Français. Les Suédois leur passent devant au classement grâce à leur meilleure différence de buts.

À l'origine du naufrage, le capitaine fait front : « Malheureusement Larsson m'a bien pressé et je me suis retrouvé dans l'obligation de dégager en catastrophe. Des erreurs j'en ai fait et je les ai toujours assumées. J'assumerai celle-ci. » Deschamps évoque « un scénario catastrophe ». « Il va falloir cravacher pour atteindre l'objectif, ajoute-t-il. Je ne vais pas accabler Hugo, qui a souvent été décisif. Il sait que c'est de sa faute. »

MBAPPÉ-DEMBÉLÉ, DUO GAGNANT

Quatre jours plus tard, contre l'Angleterre, après un magnifique hommage à une nation frappée par des attentats terroristes à répétition, ce sont des Bleus très rajeunis qui foulent la pelouse du Stade de France. Mbappé (18 ans), Dembélé (20 ans) et Lemar (21 ans) sont titulaires. Kanté également. Surprise par la rapide ouverture du score de Kane (9e), la France se révolte. Une tête de Giroud est repoussée par le gardien Heaton sur Umtiti qui égalise (22e). C'est une frappe de Dembélé que Heaton renvoie ensuite sur Sidibé qui marque à son tour (43e). Ces buts venus de loin précèdent l'injuste expulsion de Varane. Certes, le défenseur central a involontairement accroché Stones et le penalty transformé par Kane (48e) n'est pas scandaleux. En revanche, le carton rouge décidé par l'arbitre vidéo, au mépris de ce qui s'est passé et du contexte particulier de la rencontre, est cruel et stupide.

À dix contre onze, les Bleus semblent avoir des ailes. Mbappé bute sur Butland (65e), frappe sur la transversale (71e) et offre à Dembélé la balle du but victorieux sur une frappe croisée qui trompe le remplaçant de Heaton (78e, 3-2). Les deux jeunes pousses ont été parfaites d'audace et de talent conjugués.

« Avec Ousmane Dembélé on est amis, on a une complicité naturelle, explique le réjouissant Mbappé. Je crois que c'est la première fois qu'on jouait ensemble, mais on se connaît. »

« J'échangerais bien les deux victoires en amical contre une victoire en Suède, conclut Deschamps, mais le contexte différent n'enlève rien au mérite des joueurs et au talent offensif que l'on a vu. Ce qu'on fait les jeunes nourrira ma réflexion pas rapport à ce qui nous attend. »

En cette année 2017, c'est une révolution bleue qui est en marche.

L'œil de Reynald Pedros

SUÈDE-FRANCE
A ÉTÉ UN TOURNANT

Au-delà de la défaite qui a ralenti la marche des Bleus vers le Mondial, le match de fin de saison en Suède constituera, je pense, un véritable tournant. Les jeunes vont forcément avoir un peu plus une carte à jouer qu'auparavant et je trouve que c'est bien. J'entends trop souvent dire d'un joueur qu'il est trop jeune, qu'il a le temps, qu'il peut patienter. Eh bien, non ! Y'a pas le temps ! Quand tu es bon, quand tu es le meilleur, tu joues. Mbappé doit jouer. Sans hésitation. Et Didier Deschamps le sait. Je ne reproche rien au sélectionneur. J'aurais sans doute bâti la même équipe que lui pour affronter la Suède. Mais derrière, contre l'Angleterre qui n'est pas la première équipe venue, il a mis les jeunes et ça a marché. Ce match va compter. Peut-être que la défaite en Suède a finalement rendu service à Didier. Il voit très bien ce qui est en train de se passer et il ne se tirera pas une balle dans le pied. Non seulement je pense que cette équipe de France sera au Mondial, mais je la vois même aller très loin dans la compétition grâce à cette incroyable et formidable génération de jeunes attaquants qui est très très bonne et, pour tout dire, m'enthousiasme.

PLUS QU'UN FOOTBALLEUR

La première véritable star du football français ne fut pas un simple attaquant magique qui illumina par ses dribbles le jeu du Stade de Reims, du Real Madrid et des Bleus. Il permit également à son sport de basculer dans la modernité.

Après lui, ce fut Platini. Mais avant lui, on ne sait pas, on ne sait plus, quel fut le meilleur joueur français. À son échelle, disons qu'il n'y en eut pas. Raymond Kopa, né Kopaszewski en 1931 à Nœux-les-Mines, mort à Angers en 2017, fut un précurseur et un inventeur.

Sorti du fin fond de la mine, des entrailles de la Terre où il avait dû plonger dès l'âge de 13 ans pour remplir des wagonnets, Kopa fut un marqueur d'époque, une transition brutale. Pour le galibot menacé par une sombre destinée, la perte de deux phalanges d'un index à plus de 600 mètres de profondeur fut une libération qui lui permit de se retrouver à l'air libre et pensionné du travail, il n'avait que 16 ans.

Aujourd'hui, à cet âge, les plus doués des aspirants footballeurs apprennent leur métier dans des centres de formation sans souci d'un avenir qu'ils n'imaginent pas, parfois à tort, ailleurs que dans le football. Pour Kopa, jouer et s'imposer fut une conquête. Il n'est pas toujours simple de monter dans l'ascenseur social.

Deuxième du concours du jeune footballeur en 1949, il rêve d'aller à Reims, le club émergent de l'époque, mais Reims ne veut pas encore de lui. Il signe donc à Angers, club de Seconde Division, un contrat semi-professionnel. Pour compléter son salaire, ses dirigeants lui proposent un poste d'électricien ; autres temps, autres mœurs.

Mais Kopa est déjà celui qui dribble plus vite que son ombre. Il éblouit Albert Batteux, entraîneur de Reims, lors d'un match amical Angers-Reims. Son destin peut enfin basculer alors qu'il file sur ses 20 ans. Cependant, avec Kopa, les choses ne sont et ne seront jamais simples. Pour acter son arrivée, il exige une prime à la signature de 500 000 francs, des anciens francs, soit l'équivalent de 12 000 euros. La démarche choque le président du club Henri Germain qui finit tout de même par céder sous l'insistance de son entraîneur. Il ne le regrettera pas et y trouvera même largement son compte.

UN TRANSFERT À 52 MILLIONS

Kopa est professionnel jusqu'au bout des ongles. Son rapport à l'argent est prégnant et permanent. En ce sens, il préfigure un monde en devenir.

Au moins en donne-t-il au public pour cet argent auquel il attache tant d'importance. Batteux fait travailler sans relâche son dribble mortel dans les petits espaces à cet attaquant

Raymond Kopa portant le maillot d'une sélection mondiale réunie pour affronter l'Angleterre à Wembley en 1963 pour le centenaire de la Fédération anglaise.

intuitif qui ouvre des brèches insensées dans des dispositifs défensifs adverses, bien sûr beaucoup plus lâches et tactiquement fragmentés qu'ils ne le sont aujourd'hui. Le football n'est pas encore total. Le talent de Kopa l'est. Il permet à Reims d'être sacré champion en 1953 et 1955.

La France, qui ne s'est jamais vraiment remise du décès accidentel de son légendaire champion du monde de boxe Marcel Cerdan en 1949, est en quête de vedettes qui font rêver. Louison Bobet, triple vainqueur du Tour de France en 1953, 1954 et 1955, et Raymond Kopa profitent donc d'une invention déjà ancienne mais qui commence seulement à se populariser, la télévision. Pour admirer les champions « en vrai », plus besoin d'aller au cinéma voir quelques bribes des actualités Gaumont. Les étranges lucarnes sont là, et bien là, pour prouver que ce qui est écrit dans les journaux correspond – ou pas – à la réalité.

Devenu une valeur marchande, Kopa est « vendu » au Real Madrid en 1956 pour 52 millions d'anciens francs (soit environ 80 000 euros), une fortune pour l'époque. Au passage, il multiplie son salaire par dix. Un an auparavant, sous le maillot bleu il a été l'artificier, et le premier buteur, d'une remarquable victoire obtenue par l'équipe de France à Madrid, contre l'Espagne (2-1). Il y a gagné le surnom de « Napoléon du football », trouvaille d'un journaliste anglais. Toujours un an plus tôt, le football européen a considérablement grandi avec l'invention, par les journalistes de *L'Équipe*, de la Coupe d'Europe des clubs champions. Au Parc des Princes, le 3 juin 1956, Kopa et les Rémois ont manqué d'un rien d'en devenir les premiers vainqueurs pour l'éternité face au géant madrilène du génial stratège argentin Alfredo Di Stéfano. Ils ont mené 3-1, avant de craquer en fin de rencontre (4-3).

À L'OMBRE DE DI STÉFANO

C'est donc une star qui débarque à Madrid. Dès lors, il fait la « une » des magazines non sportifs, sorte de tête de gondole pour une presse qui ne s'appelle pas encore « people », un statut qui lui convient bien et qu'il va entretenir.

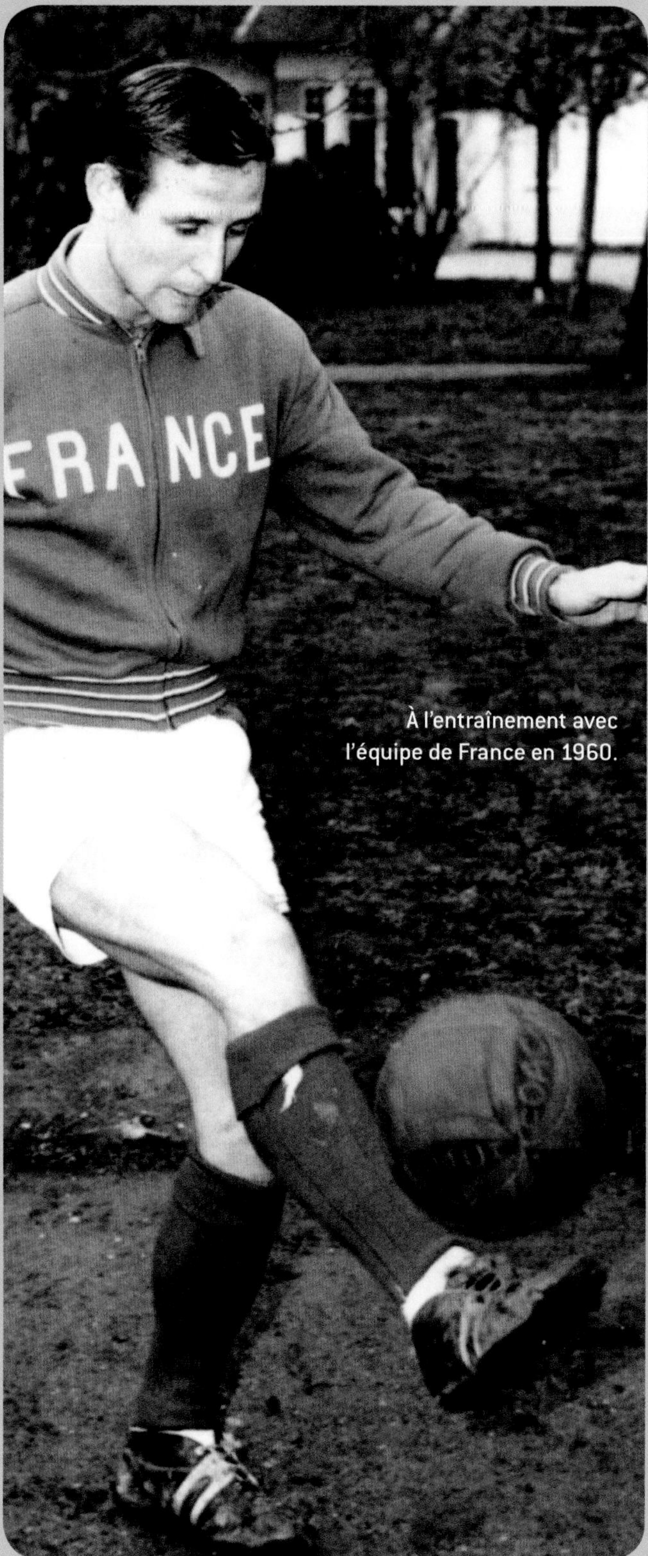

À l'entraînement avec l'équipe de France en 1960.

Sous le maillot blanc, il se forge un palmarès formidable, remportant trois Coupes d'Europe consécutives de 1957 à 1959, la dernière contre Reims (2-0). Mais c'est la Coupe du monde 1958, conclue sur une troisième place après une défaite en demi-finale (5-2) face au Brésil d'un jeune Dieu nommé Pelé, puis un succès contre l'Allemagne en match de classement (6-3), qui le fait entrer au Panthéon du sport français.

Débarqués en Suède dans un scepticisme général, les Français ont flambé et régalé. Kopa a organisé, Kopa a dribblé, Kopa a passé et Just Fontaine a marqué. Treize buts au total, un record toujours en vie et quasi intouchable. Kopa est désigné meilleur joueur de l'épreuve.

À la fin de l'année, le Ballon d'or inventé deux ans plus tôt consacre son talent épuré. À 26 ans, Kopa est à son apogée. Un an plus tard, au bout de 103 matchs et 30 buts officiels, après avoir refusé une prolongation de contrat de cinq ans, il quitte pourtant le Real un an avant la date prévue et retourne à Reims.

Sur un plan sportif, il n'en peut plus de l'ombre que lui fait Di Stéfano, patron absolu et tyrannique du vestiaire madrilène, qui évolue aux quatre coins du terrain en précurseur d'un Johan Cruyff. L'Argentin exige de Kopa qu'il se tienne sur son aile droite et qu'il dribble avant de faire des passes, point barre. La personnalité affirmée du Français n'y trouve pas son compte et l'arrivée du Hongrois Puskas en 1958 n'arrange rien. Pas facile de partager la gloire et de faire cohabiter les ego dans la première équipe de Galactiques de l'histoire.

LE TEMPS DES SOUFFRANCES

Mais, au-delà du jeu, ce sont les affaires qui aspirent Kopa vers sa terre natale. Kopa l'innovateur, Kopa le moderne, est déjà devenu une marque – de jus de fruits, de vêtements, de ballons, de chaussures. À bord de son avion privé, il survole la France pour faire fructifier son commerce.

Sous le maillot rémois, il redevient champion de France (1960 et 1962), mais son rêve continental se heurte à la réalité de l'émergence de très grands clubs. Et puis, même avec lui, Reims n'est plus tout à fait ce qu'il a été. Les Champenois ne dépasseront plus jamais les quarts de finale.

Voici venu le temps où une vie bascule. La perte de son fils Denis, victime d'une leucémie à l'âge de 4 ans en 1963, bouleverse la France mais pas le sélectionneur des Bleus Georges Verriest qui refuse d'accorder le moindre passe-droit à une star qu'il juge encombrante. Quand Kopa, dans cette période éprouvante, demande quelques jours de répit

Battu par le Real Madrid avec Reims (3-4) en finale de la Coupe des champions 1956, Kopa remporte le trophée l'année suivante contre la Fiorentina (2-0) après avoir été transféré dans le club espagnol.

avant un rassemblement, Verriest met son veto. Kopa claque la porte des Bleus avec fracas, et définitivement, au bout de 45 sélections.

Dans la foulée, ce visionnaire jette un pavé dans la mare quand, cette même année, il lance en « une » de l'hebdomadaire *France Dimanche* : « Les footballeurs sont des esclaves. » Allusion aux contrats léonins qui lient les joueurs à leurs clubs jusqu'à l'âge de 35 ans et leur interdisent de peser véritablement sur leurs choix de carrière. « Le footballeur pro est le seul homme aujourd'hui à pouvoir être vendu et acheté sans qu'on lui demande son avis », tonne Kopa. Pour tout ça, il sera suspendu deux mois et demi.

LE RACING COMME DERNIÈRE VICTIME

Raymond Kopa est de tous les combats, de toutes les passions. Il a 35 ans lorsqu'il dispute en 1967 contre Nîmes son dernier match professionnel sous le maillot rouge et blanc. Il le pense, tout le monde le pense en tout cas. Un an plus tôt il a été sacré champion de France de Deuxième Division. Peu importe le niveau, Kopa est un fou de foot. Jouer est sa première nature, son oxygène. Il jouera jusqu'à 70 ans des matchs anonymes ou de gala.

En décembre 1968, clin d'œil du hasard, Reims, alors retombé en D2, doit affronter pour le compte du sixième tour de la Coupe de France son ancien grand rival, le Racing Club de Paris, qui végète après la faillite en Division d'honneur. L'occasion est trop belle. Le Parc des Princes est choisi pour accueillir l'affrontement et le « grand match » sera suivi d'un baisser de rideau entre les anciens des deux clubs.

Sauf que lors de l'échauffement du match de Coupe, un Rémois se blesse. Qu'à cela ne tienne. Kopa, qui a toujours une licence, est promu douzième homme et unique remplaçant autorisé alors. Mais un autre Rémois se blesse à son tour dès la 22e et Kopa effectue un très inattendu retour. Trois minutes après son entrée en jeu, il inscrit son tout dernier but officiel. Et une fois Reims qualifié (4-1), il revient sur la pelouse pour disputer l'intégralité du match des anciens au cours duquel il marque à deux reprises.

Ainsi était Raymond Kopa. Inimitable. Incomparable. Unique.

Coman au coude-à-coude avec
Roberto Hilbert.

CHAMPIONNATS ÉTRANGERS

NE L'APPELEZ PLUS ZIZOU

En conduisant le Real au 33e titre de champion de son histoire, Zinédine Zidane a définitivement prouvé qu'il était possible d'être très grand après l'avoir déjà été dans une autre vie.

Sa nomination, le 4 janvier 2016, avait été d'une évidence… hésitante. Bien sûr que Zinédine Zidane était formaté pour devenir un jour entraîneur du Real Madrid. Mais un jour. Pas tout de suite, pensait-on. On dit d'ailleurs que le président Pérez avait fait des pieds et des mains, en vain, pour faire de José Mourinho, alors disponible, le successeur de l'illisible Rafael Benitez.

Ce fut donc « Zidane ? Pourquoi pas ? » Après tout, l'ex-star du jeu, qui avait fait ses classes sous les ordres du maître Carlo Ancelotti, puis à la tête du Castilla, l'équipe réserve du Real en Division 3, était considérée comme une bonne pâte. Facile à promouvoir, mais facile aussi à abattre en cas de nécessité. Bref, une sorte de transition idéale et sans grand risque pour des dirigeants tenus par quelque promesse secrète dont il fallait bien se débarrasser.

Il y avait ceux y croyaient et ceux qui n'y croyaient pas. Sa première demi-saison, ponctuée de la onzième victoire du Real en Ligue des champions, ne lui fut pas entièrement créditée. Certes, il avait apaisé un vestiaire secoué par les méthodes et les choix tactiques contestés de son prédécesseur ; certes, il s'était parfaitement dépêtré de la gestion des ego des Galactiques du moment, mais c'était uniquement sur une saison entière que l'on pourrait le juger, affirmaient les sceptiques, et il y en avait.

UN TITRE ÉRIGÉ EN PRIORITÉ

Une saison qu'il bâtit autour d'un objectif majeur. Récupérer un titre de champion national parti depuis quatre ans à Barcelone ou chez le voisin madrilène de l'Atlético, difficile de dire laquelle des deux options était la plus douloureuse pour les supporters des « Merengues ». Pour y parvenir, il s'attacha les services d'Antonio Pintus, le très exigeant préparateur physique qu'il avait connu à la Juventus Turin, ayant compris qu'à ce niveau d'exigence on ne pouvait séparer le fond et la forme.

Faire tourner l'effectif, Ronaldo compris, pour faire du temps un allié ne fut ni son moindre combat ni sa moindre victoire personnelle. Zidane perçait sous Zizou. La dynamique était en marche.

Le Real démarra par cinq succès consécutifs avant de connaître un petit coup de mou ponctué de trois matchs nuls qui valurent au coach des premières critiques dont il s'accommoda sans broncher. Loin de tout dogmatisme, il avait fondu ses joueurs dans un système d'une grande souplesse où chacun pouvait s'exprimer au mieux de ses intérêts individuels et donc de l'intérêt collectif.

Le premier des deux buts de Ronaldo à Malaga, lors de la dernière journée de Liga qui sacre le Real Madrid champion d'Espagne.

Quand la machine se remit en route, le résultat fut fulgurant. Après avoir remporté la Supercoupe d'Europe contre Séville, puis la Coupe du monde des clubs, le Real s'en alla nettoyer le vieux record espagnol d'invincibilité détenu par Séville avec 40 matchs toutes compétitions confondues.

Le Barça était loin, l'Atlético largué, Séville faisait ce qu'il pouvait et le Real fonçait. Même sans un grand Ronaldo, même avec un Benzema touché par une affaire presque trop grande pour lui, même avec un Bale souvent blessé.

Zidane avait inventé une véritable équipe, soudée et équilibrée, joyeuse et fonceuse.

LES 97 SECONDES DE RONALDO

Il fallut encore passer par un ultime revers à domicile, toujours vexant, contre le Barça, avec un but de Messi dans le temps additionnel (2-1). Mais c'est un faux suspense que relança ce contretemps, car jamais le Real ne faillit lâcher sa proie pour l'ombre, par exemple d'une Ligue des champions follement dévoreuse d'énergie et jamais galvaudée pour autant.

Il lui aurait fallu s'incliner lors de la dernière journée à Malaga pendant que le Barça vaincrait Eibar. Quatre-vingt-dix-sept secondes suffirent à Ronaldo pour régler le problème et lancer les siens vers une ultime et décisive victoire (2-0) qui déclencha les forces d'un grand bonheur partagé et un chant d'amour du pourtant très égoïste quadruple vainqueur du Ballon d'or en faveur de son entraîneur français.

Et c'est ainsi que, sous la reconnaissance générale, Zinédine Zidane conduisit les siens à bon port, ce 33e titre de leur histoire, le premier depuis 2012, une si longue attente en ce lieu de toutes les impatiences.

Au passage, les Madrilènes avaient inscrit 106 buts, 10 de moins que le Barça, mais un chiffre suffisamment éloquent pour que l'on ne fasse pas à Zidane le procès de l'entraîneur qui fait évoluer son équipe à rebours de ce qu'il prônait et sublimait lorsque lui-même attirait toutes les lumières sur les pelouses.

Forcément, quelques revers de fortune coûteront un jour sa place à Zidane, mais au moins, c'est désormais une certitude, aura-t-il marqué l'histoire du plus grand club du monde d'une trace indélébile comme joueur puis comme entraîneur.

CHELSEA, DE CONTE À KANTÉ

Dans un contexte de concurrence extraordinairement élevée, le club londonien a remporté haut la main le sixième titre de son histoire. Une consécration pour son entraîneur italien, une détonation pour son milieu de terrain français.

Le succès de Chelsea est d'abord celui de son entraîneur italien Antonio Conte, car la Premier League 2017 a offert un choc des bancs comme il n'en avait jamais existé. À Manchester, deux légendes vivantes avaient débarqué au cœur de l'été : José Mourinho d'un côté, à United, pour son grand retour ; Pep Guardiola de l'autre, à City, pour un circuit découverte qui allait lui rester un peu en travers de la gorge. Il y avait aussi l'inoxydable Arsène Wenger à Arsenal, le bondissant Jürgen Klopp pour sa première saison complète à Liverpool, le maître Claudio Ranieri, extraordinaire champion en titre à la tête de Leicester. Avec tout ça, Mauricio Pochettino faisait profil bas à Tottenham tandis que Conte se demandait comment il allait survivre dans ce marigot d'ambitieux.

Après trois saisons et trois titres sur le banc de la Juventus (2011-2014), Conte a relancé l'Italie lors d'un séduisant parcours à l'Euro 2016. Mais là, à la tête d'une équipe qui vient de finir à une affreuse dixième place, il change de monde et manque de s'y perdre d'emblée. Après six journées, Chelsea est encalminé à 8 points de City. C'est ici, après une cruelle défaite (3-0) contre Arsenal, au moment où ses rivaux plongent dans des campagnes européennes éreintantes dont son équipe est épargnée, que Conte fait sa révolution tactique. Loin de tout classicisme, il invente une défense à trois autour de David Luiz. Les effets sont immédiats et durables avec une série de treize succès consécutifs qui dépose Chelsea au sommet du classement.

Seul l'outsider Tottenham parvient à peu près à maintenir un semblant de suspense en s'accrochant jusqu'au bout à ces Blues supersoniques. Pochettino et les siens terminent à 7 points, Guardiola à 15, Klopp à 17, Wenger à 20, Mourinho à 24. On peut appeler cela un K-O magistral.

Pour distribuer les gnons, il y a eu le magicien Eden Hazard, l'irascible buteur Diego Costa et surtout l'incroyable N'Golo Kanté, sacré en fin de saison « Meilleur joueur de Premier League » devant son équipier belge.

HAZARD INVENTE LES KANTÉ FACTS

Le parcours de ce Parisien de naissance est un contre-exemple parfait des usages en cours. C'est à Boulogne-sur-Mer, où il joue en National, que Caen vient le chercher en 2013 alors qu'il a déjà 22 ans. Ayant échappé à tous les radars, Kanté n'est pas passé par un centre de formation. La suite est fulgurante.

N'Golo Kanté, grand artisan du cavalier seul de Chelsea en Premier League.

Avec lui, Caen remonte immédiatement en Ligue 1. Avec lui, Caen se maintient confortablement. Sans lui, Caen souffre. Très vite, avec ses allures de Makelele, le petit Kanté (1,69 m) devient trop grand pour la Normandie. Il franchit donc la Manche en échange de 8 M€ et débarque à Leicester, où il est sacré champion en 2016 à la stupéfaction générale, décrochant au passage le titre de meilleur tacleur des cinq grands championnats (5,3 de moyenne par match).

Ses prestations bluffantes épatent en même temps qu'elles amusent. Kanté est partout, tout le temps, récupérant, relançant, nettoyant, bonifiant, virevoltant, vibrionnant. La première punchline vient d'un assistant de Ranieri qui déclare : « On aligne un milieu à trois, Drinkwater dans l'axe et Kanté de chaque côté. » Les fans embrayent : « La Terre est recouverte d'eau à 70 %, tout le reste est couvert par N'Golo Kanté. »

La Ligue des champions l'attend. Il repousse le rendez-vous pour filer à Londres, une affaire à 38 millions. Leicester y trouve largement son compte financier tout en perdant sa principale valeur footballistique, on ne peut pas tout avoir.

À Chelsea, il est donc sacré champion pour la seconde année consécutive dans deux clubs différents, ce qui n'est plus arrivé depuis un certain Cantona en 1992 et 1993 (Leeds et Manchester United). Et surtout, plus qu'un héros, il devient un personnage. Surfant à sa façon sur les petites phrases venues de Leicester, Eden Hazard lance : « Quand je suis sur le terrain, parfois je le vois en double, un à gauche, un à droite. J'ai l'impression de jouer avec des jumeaux. »

La mode des « Kanté Facts » est lancée. Elle envahit les réseaux sociaux avec un succès considérable. Quelques-unes de ses punchlines anonymes valent le détour : « N'Golo Kanté a dit un jour à un adversaire : "Va voir là-bas si j'y suis" et il y était », « N'Golo Kanté a déjà été hors jeu sur une passe de N'Golo Kanté », « N'Golo Kanté ne paie pas son électricité, il la produit. »

Loin de ces plaisanteries, cet éternel modeste devenu star malgré lui est prêt pour les grands combats qu'il va découvrir en 2017-2018 en C1 et lors d'un Mondial russe dont il pourrait être l'un joueurs majeurs sous un autre maillot bleu.

DYBALA
INSPIRE LA JUVENTUS

Pour conquérir son sixième titre consécutif, le club turinois s'est appuyé sur ses forces traditionnelles, un collectif puissant et soudé, une défense de fer et des individualités brillantes. Parmi elles, un jeune Argentin au talent épuré.

C'est un roc imprenable qui est installé au sommet du championnat d'Italie. Et pourtant, la Juventus de Massimiliano Allegri a dû attendre la 37e journée pour devenir la première équipe italienne à remporter le titre six fois de suite. Un exploit de taille dans une compétition où les noms ronflants sont légion, parmi lesquels un Inter Milan à la dérive après avoir conquis pour sa part cinq titres consécutifs, de 2006 à 2010.

Contrairement à la saison précédente, où il avait subi le handicap d'un début de saison raté avant de passer la vitesse supérieure, le club émanation de la Fiat a mis le turbo d'entrée. Il a pris la tête dès la 5e journée et ne l'a plus lâchée. Il a pourtant attendu la 37e, et une victoire contre Crotone (3-0), pour être assuré d'un nouveau triomphe, car la Roma et Naples ont fait de la résistance. Sur la ligne d'arrivée, avec l'impressionnant total de 91 points, la Juve n'avait que 4 points d'avance sur les Romains et 5 sur les Napolitains. Heureux tifosi qui n'ont pas été les otages d'une domination outrancière, comme celle du Bayern en Allemagne.

L'ADO DE TOUS LES RECORDS

La Juve a donc été contrainte de déployer tout son talent pour décrocher le 33e titre national de son histoire, mais, voyez comme les choses sont bien faites, du talent elle en a à revendre. Parfois même pour la somme de 105 millions, comme ce fut le cas pour Pogba parti à Manchester à l'été 2016. Avec cet argent, elle put recruter le buteur argentin Gonzalo Higuaín à Naples pour 90 millions, départ qui fit scandale au pied du Vésuve, et remit un peu au pot pour s'attacher, moyennant 35 millions, les services du meneur de jeu de la Roma, Miralem Pjanic. Dépouiller ses principaux rivaux est un excellent moyen pour asseoir une suprématie. Le reste tint d'une alchimie qui se mit en place naturellement. Pour accueillir les nouveaux, il y avait, campé devant l'inusable Buffon, le trio de feu d'une défense de fer, Bonucci-Barzagli-Chiellini, complété par le latéral brésilien Dani Alves, 34 ans – mais tous ses élans –, arrivé libre de Barcelone.

Et il y avait aussi Paulo Dybala, jeune attaquant argentin de 23 ans, débarqué un an plus tôt à Turin et dont Claudio Ranieri

Paulo Dybala, auteur du deuxième but du 3-0 de la Juve face à Crotone, lors de la 37ᵉ journée de Serie A qui voit le club turinois remporter son 33ᵉ titre de champion.

a dit : « Dybala est un phénomène, un garçon qui en jouant te fait tomber amoureux de ce sport et te transmet le bonheur. »

Au-delà de ses performances personnelles parfois éblouissantes, de ses 11 buts en Serie A, un peu en retrait des 19 de la saison précédente, Dybala a l'immense avantage de rendre meilleurs ceux qui évoluent à ses côtés.

Il en a toujours été ainsi pour l'adolescent précoce qui battit quatre records pour sa première saison professionnelle, dans son club de Cordoba, en Deuxième Division argentine. Celui de plus jeune buteur du club, 17 ans et 8 mois, détenu par l'immense Mario Kempes, fer de lance des champions du monde 1978, celui du plus grand nombre de matchs consécutifs pour un aussi jeune joueur (38), ceux du premier joueur à inscrire deux triplés lors de sa première saison et à marquer lors de six rencontres consécutives.

LE COMPLIMENT DE CHIELLINI

Après être allé chercher quelques années auparavant Cavani en Uruguay, c'est Palerme qui l'attira en 2012 pour 12 M€. Dybala n'avait pas encore 19 ans. En Sicile, où il resta trois ans, il inscrivit 21 buts en trois saisons et en fit marquer beaucoup d'autres. Largement suffisant pour gagner son ticket pour la Juventus en échange de 32 millions, presque un cadeau.

Pour ne pas brûler ce jeune talent, Allegri le lança progressivement avant d'en faire une plaque tournante. La saison dernière fut celle de l'épanouissement. Giorgio Chiellini, qui sait, pour s'y frotter souvent, ce qu'est un grand attaquant, a dit de celui qui est surnommé « la Joya » (le joyau) : « Paulo, c'est celui qui fait céder la forteresse. Par un dribble, une action imprévisible, un changement de rythme, un duel gagné, il peut faire à tout moment la différence et transpercer n'importe quelle défense. » Joli compliment.

On pourrait penser que cette Juve multichampionne tient avec lui la clé de son avenir. Mais Dybala est simplement son présent. L'avenir, c'est déjà Moïse Kean, dernier buteur de la victoire à Bologne, dans le temps additionnel de la dernière journée (90ᵉ+4, 2-1). Kean est devenu ce jour-là le premier joueur né en 2000 à avoir marqué (à 17 ans et 3 mois) dans l'un des cinq grands championnats.

Née en 1897, « la Vieille Dame » adore admirer son passé. Mais elle aime encore plus s'inventer un futur.

COMME UN VAGUE À LAHM

Dans une sorte d'habituel ronron, le Bayern Munich n'a pas eu à forcer pour remporter un cinquième titre consécutif. Le premier pour le nouvel entraîneur Carlo Ancelotti, mais le dernier pour le capitaine emblématique Philipp Lahm.

Peut-être est-ce dans cette permanence lénifiante du succès à l'échelon national qu'il faut chercher les raisons du départ, à son initiative, de Pep Guardiola à l'été 2016 et son remplacement par un autre cador des bancs, Carlo Ancelotti, ancien de la Juventus, de Chelsea, de l'AC Milan, du Real Madrid et accessoirement du PSG, ce club-là ne fait jamais les choses à moitié. On imagine que l'ex-coach du Barça s'ennuyait dans cette Bundesliga où tout semble écrit d'avance. Pour avoir son compte d'émotions, mieux vaut finir troisième de la Premier League que champion d'Allemagne, parce que ce titre-là est quasi décerné à l'avance.

Peut-être est-ce pour cette raison qu'une fois le titre en poche, après un succès considérable à Wolfsburg (6-0), à l'issue de la 31ᵉ des 34 journées programmées, il sembla que la fête était un peu moins intense que par le passé, la bière un peu moins abondante. Peut-être aussi parce que, trois jours plus tôt, le Bayern s'était incliné en demi-finale de Coupe contre Dortmund après, quelques jours auparavant, avoir été sorti de la Ligue des champions, un peu injustement il est vrai, par le Real Madrid. Peut-être encore parce qu'il restait sur une série de cinq matchs sans victoire toutes compétitions confondues, une triste première depuis dix-sept ans.

Champion, c'était somme toute la moindre des choses, le minimum vital sans lequel Ancelotti aurait pu faire ses bagages. Un cinquième titre d'affilée, un record en la matière, un 27ᵉ au total dans une compétition née seulement en 1963, soit en moyenne un championnat sur deux, preuve que l'affaire était affreusement banale.

Alors, quand le président Rummenigge lança : « C'est la compétition la plus importante. La gagner cinq fois de suite, c'est quelque chose d'incroyable », tout le monde vit son nez s'allonger, car la véritable quête du Bayern est continentale.

LE CAPITAINE DU TRIPLÉ HISTORIQUE

Rendez-vous compte : au terme de l'exercice, le club bavarois comptait 15 points d'avance sur Leipzig son dauphin et 17 sur Dortmund. Un océan. Ce championnat venait de confirmer qu'il était le moins passionnant qui soit à cette altitude, loin, très loin de la formidable Premier League, loin de l'affrontement éternel Real-Barça de la Liga, et loin même de la Serie A, où l'ogre de Turin est tout de même challengé par Naples et la Roma.

Alors, c'est ailleurs que dans un résultat sec qu'il fallait chercher des grilles de lecture, des motifs d'espoir ou d'inquiétude. Dans cette rupture générationnelle par exemple qui faisait dire à

Philipp Lahm et Arjen Robben avec le bouclier attribué au champion d'Allemagne.

Rummenigge : « Nous ne ferons pas de folies, mais il est évident que des modifications s'imposent. » Rattrapés par l'âge, Robben et plus encore Ribéry étaient sur un inexorable déclin, Xabi Alonso tirait sa révérence et, surtout, d'où aussi cette espèce de retenue dans le bonheur, Philipp Lahm, l'immense capitaine, s'en allait également, à 33 ans seulement.

Après l'avoir annoncé quelques semaines plus tôt, il le fit de façon effective dans une Allianz Arena pleine de 75 000 supporters au comble de l'émotion, à la 86e minute du dernier match de la saison contre Fribourg (4-1). Et une fois le match terminé, l'hommage fut vibrant quand un véritable tapis de fleurs recouvrit la pelouse pour recevoir les derniers pas d'un partant fêté comme un demi-dieu.

Lahm était plus qu'un simple joueur. Cet enfant du cru, 512 matchs au compteur sous ce maillot, était un homme à tout faire et à bien faire, arrière latéral, à gauche ou à droite, milieu de terrain si nécessaire, porte-étendard de cette armée rouge, meneur, leader. Huit fois champion, six fois vainqueur de la Coupe d'Allemagne, mais surtout capitaine en 2013 de l'équipe du triplé historique, et unique dans l'histoire du club, Ligue des champions, champion et vainqueur de la Coupe d'Allemagne, Lahm était l'âme du Bayern.

Il était alors évident qu'un cycle s'achevait, qu'une nouvelle ère allait commencer avec d'autres hommes, mais toujours le même objectif : gagner, gagner encore, gagner toujours. Et plus seulement au niveau national où, grâce à ses moyens surpuissants, le Bayern a depuis trop longtemps anesthésié la concurrence.

COUPE DES

D'AFRIQUE
NATIONS

UN BON COUP DE BROOS

Le très décrié sélectionneur belge a su résister aux tempêtes et faire table rase du passé pour offrir aux Lions indomptables le cinquième titre continental de leur histoire derrière lequel ils couraient depuis 2002.

En Afrique, le football est bien plus que du football. Une affaire d'État. D'où qu'il vienne, un sélectionneur vit sous la pression d'un ministre des Sports, d'un président de la République, de grands anciens et d'une presse rapidement acerbe quand les résultats fléchissent.

Le Belge Hugo Broos n'a évidemment pas échappé à tout ça. L'ancien international, plusieurs fois sacré champion de Belgique comme joueur (Anderlecht) puis comme entraîneur (Bruges et Anderlecht), n'a pas eu un parcours très rectiligne au XXIe siècle, enchaînant ici et là les échecs et les licenciements. Mais c'est le lot de tous ces globe-trotters de la balle ronde qui connaissent les exigences et la cyclothymie de leurs employeurs.

Depuis son arrivée à la tête de la sélection camerounaise, Broos, 64 ans, a essentiellement servi de punching-ball à un environnement hostile qui n'a cessé de dénigrer son action. Il a pourtant tenu tête et n'a pas hésité à faire le ménage dans une sélection qui débarque au Gabon, le pays hôte, considérablement rajeunie. Il a dû faire face à sept forfaits majeurs, mais cela ne l'a pas vraiment dérangé. C'est avec une majorité de jeunes joueurs encore inconnus hors de leurs frontières qu'il part à l'assaut du Graal.

Même le supposé indiscutable défenseur Nicolas Nkoulou, en errance à l'OL, est prié de faire banquette. Disputée comme souvent sur des pelouses indignes et dans des stades peu remplis, surtout après l'élimination du Gabon dès le premier tour, la compétition est extrêmement fermée. Sur les 32 matchs disputés, 6 seulement s'achèveront avec au moins 3 buts au tableau d'affichage.

Tandis que le tenant du titre ivoirien se fait sortir lui aussi dès le premier tour, le Cameroun avance cahin-caha. Après un match nul (1-1) concédé au Burkina Faso, Broos se fait découper en rondelles par sa presse nationale. « Pour le groupe et pour le groupe seulement, j'espère qu'on va gagner », déclare-t-il.

À quoi tient une destinée ? À un miracle de dernière minute par exemple. Lors du dernier match de poules contre le Gabon de Pierre-Emerick Aubameyang, le match tire à sa fin quand un ultime tir gabonais échoue sur le poteau du gardien Ondoa qui sauve son camp dans un étourdissant réflexe sur la reprise de Ndong (90e). Le score nul (0-0) expédie les Lions en quart.

C'est encore à l'arraché absolu qu'ils franchissent l'obstacle face au Sénégal (0-0, 5 tirs au but à 4) avant de renverser le solide Ghana des frères Ayew en demie (2-0). Les flèches et piques diverses ont été remisées avant la finale enfin préparée dans

Nkoulou égalise de la tête et relance son équipe dans la finale.

une sorte de sérénité. Face au Cameroun, l'Égypte, sept fois vainqueur de l'épreuve, et son célèbre gardien Essam El-Hadary, 44 ans, 154 sélections, redevenu titulaire lors des matchs de poules après la blessure de son « jeune » successeur El-Shenawy (39 ans).

NKOULOU ENTRE ET MARQUE

L'équipe de l'attaquant de Lorient et capitaine Benjamin Moukandjo ne part pas favorite. C'est d'ailleurs l'Égypte qui ouvre le score par Elneny (22e) et semble s'envoler vers le grand huit. Mais il est écrit que pour ce Cameroun les petits malheurs feront les grands bonheurs. Quand son défenseur central Teikeu se blesse, c'est Nkoulou qui sort enfin de sa réserve pour le remplacer (31e). Et c'est lui qui, au cœur d'une sinistre saison, égalise de la tête sur un centre de Moukandjo (59e). Entré en seconde période (46e), c'est l'ex-Valenciennois et Lorientais Vincent Aboubakar (25 ans et désormais joueur de Besiktas en Turquie, après un passage à Porto) qui offre aux siens le titre tant convoité d'une superbe frappe (88e, 2-1).

« Personne n'aurait parié sur nous », clame Moukandjo qui a tenu à se faire accompagner de Nkoulou pour la remise du trophée, sous les yeux de Roger Milla et Samuel Eto'o, Lions d'une autre époque.

Après avoir échappé à la lapidation, Broos est devenu un héros qui peut enfin expliquer sereinement sa démarche : « Quand je suis arrivé, il y a un an, j'ai trouvé un groupe de joueurs vieux et pas motivés. J'ai pris des nouveaux, lancé des jeunes et nous avons commencé à travailler. Maintenant, nous avons une équipe. Pas un groupe de joueurs, mais un groupe d'amis. »

Le football est parfois si simple.

TOPS

1

RONALDO

INCROYABLE

Encore lui, toujours lui, présent et omniprésent, même dans cet ouvrage, ce qui ne le dérangera pas car le Portugais au bel ego n'aime rien tant que l'on parle de lui, surtout en bien. Mais comment faire autrement, comment ne pas le porter au pinacle lorsque l'on sait qu'il peut déjà préparer une petite place dans sa vitrine pour y déposer le cinquième Ballon d'or qui l'attend à la fin de l'année, soit autant que son grand rival Messi. Il savoure déjà.

Le début de saison l'avait montré un peu faiblard, mais c'était simplement parce qu'il avait besoin d'un peu de temps pour se remettre de la blessure contractée en finale de l'Euro. Une fois tous ses moyens retrouvés, CR7 a joué un rôle capital dans la conquête d'un nouveau titre de champion et un rôle vital dans celle de la Ligue des champions. Sa folle efficacité (12 buts au total dont 10 en 5 matchs à partir des quarts de finale)
est venue rappeler qu'une place lui était réservée au Panthéon des plus grands joueurs de tous les temps.

2

ZINÉDINE ZIDANE

ADMIRABLE

Ceux qui doutaient encore de ses capacités à muter de très grand joueur à très grand entraîneur en sont pour leurs frais. Avec sa méthode de management subtile et humaine qui a même séduit l'exigeant Ronaldo, il a triomphé là où un Mourinho avait fini par se casser les dents sur la durée et un Benitez sur quelques mois seulement. La double carrière de Zidane est un chef-d'œuvre absolu, une perfection.

[redacted]

3

KYLIAN MBAPPÉ
REMARQUABLE

La France et l'Europe en sont encore toutes bouleversées. Depuis qu'elle s'est mise à tourner à plein régime, la comète MBappé dévaste tout sur son passage. Les records de précocité sont tombés les uns après les autres, sa facilité technique et sa joie de jouer sont de purs bonheurs. Pas étonnant que tous les grands clubs se soient retrouvés à ses pieds. Un trésor pareil ne se découvre pas tous les ans, pas même toutes les décennies.

4

EDEN HAZARD
CONSIDÉRABLE

Quel dommage que sa saison se soit achevée sur une sale blessure (fracture de la jambe) alors qu'il s'entraînait avec l'équipe de Belgique ! Après une saison 2015-2016 franchement ratée, l'ancien Lillois a retrouvé sous la férule du brillant Antonio Conte toute la fraîcheur, toute l'intelligence de jeu et tous les coups de génie qui en avaient fait l'un des meilleurs meneurs de jeu du monde. Il est pour beaucoup dans le titre de champion d'Angleterre, le plus dur à conquérir qui soit, de Chelsea.

5

ZLATAN IBRAHIMOVIĆ
IMPÉRISSABLE

Zlatan ne sait pas se faire oublier. À 35 ans, il a découvert cette Premier League réputée pour sa rudesse, et il s'est fondu dedans majestueusement, continuant à empiler les buts. Avec son arrogance en alliée, sur ces terres où elle est considérée comme une qualité essentielle, il a tiré Manchester vers le haut jusqu'à ce qu'une vilaine blessure au genou vienne le stopper brutalement, le privant d'une victoire en Ligue Europa qu'il aurait mérité de vivre autrement que sur des béquilles.

1

PEP GUARDIOLA

RECALÉ

On lui reconnaîtra au moins le courage d'une véritable remise en question, d'une envie de vivre jusqu'au bout sa passion. Après avoir triomphé à Barcelone quand Messi flamboyait, puis simplement assuré au Bayern qui n'a pas d'adversaire à sa dimension en Bundesliga, il voulait absolument découvrir la Premier League pour y imposer ses idées.
Le surpuissant Manchester City semblait être un choix idéal. Mais la réalité à laquelle il a été confronté l'a un peu débordé. Loin de Conte et de Chelsea, mais surtout loin (8 points) du Tottenham d'un Mauricio Pochettino qui est loin d'avoir son aura, Guardiola s'est d'une certaine façon banalisé et n'a jamais vraiment apporté, sinon dans son discours, la valeur ajoutée que l'on attendait de lui. Et s'il a devancé son grand rival local de Manchester United José Mourinho, celui-ci lui a damé le pion en remportant la Ligue Europa. La Ligue des champions aurait pu lui rendre tout son éclat.
À l'arrivée, l'échec contre le « petit » Monaco a terni son image.

2

MESSI

ASPHYXIÉ

Il peut sembler paradoxal de ranger dans cette catégorie le meilleur buteur haut la main (37 buts) du championnat d'Espagne. Sauf que Lionel Messi ne peut pas être jugé sur ce qu'il fait, mais sur ce que l'on pensait qu'il allait faire, c'est-à-dire continuer à dominer la planète football, permettre au Barça de conquérir des titres plus ronflants qu'une simple Coupe nationale, inventer des actions d'extraterrestre. Sur ce plan-là, sa saison fut un échec en club comme en équipe d'Argentine.

3

ARSÈNE WENGER

USÉ

Après dix-neuf qualifications consécutives pour la Ligue des champions, Arsenal disputera la saison prochaine la Coupe d'Europe des seconds couteaux. Bien sûr, Wenger a remporté la Cup, mais il a traversé la saison dans la contestation. Sa réussite principale aura été d'obtenir une prolongation de contrat qui lui permettra peut-être d'obtenir une revanche sur ce mauvais sort.

4

ANTHONY MARTIAL

REFOULÉ

Deux ans après son transfert à sensation à MU alors qu'il avait à peine 20 ans, l'ex-Monégasque, passé à la moulinette Mourinho, est devenu un simple remplaçant et même pas un « supersub », ces joueurs de banc qui entrent pour faire la différence comme l'Angleterre les adore. Au passage, il a perdu sa place en équipe de France. Pouvait-il faire pire ?

5

STEVE MANDANDA

MALTRAITÉ

Depuis le temps qu'il en rêvait, le gardien de l'OM avait enfin obtenu son ticket pour la Premier League. Mais à Crystal Palace, il a vécu un cauchemar. Barré par l'international gallois Hennessey, il n'a dû qu'à la blessure de celui-ci de se voir offrir un peu de temps de jeu par le coach Alan Pardew. Et lorsque celui-ci a été remplacé par Sam Allardyce, Mandanda a totalement disparu des écrans radars. Au final, il n'a joué que dix matchs et perdu sa place chez les Bleus. Une saison horrible.

FLOPS

DES MADRILÈNES LES MAINS PLEINES

Pogba casse la baraque

Si Messi, si Ronaldo, si Neymar avaient été transférés en cet été 2016, ils auraient fait beaucoup mieux. Mais ils ne l'ont pas été, et c'est Paul Pogba qui devient le premier joueur à franchir la barre des 100 M€, 105 M€ exactement, payés rubis sur l'ongle par Manchester United à la Juventus. L'ancien record appartenait au Gallois Gareth Bale passé de Tottenham au Real en 2013 en échange de 99,7 M€.

Le Real rafle tout

Après avoir remporté la Supercoupe d'Europe au mois d'août contre Séville (3-2 a.p.), grâce notamment à une égalisation synonyme de prolongation de Sergio Ramos dans les ultimes instants (90e+3), le Real de Zinédine Zidane devient champion du monde des clubs en décembre en battant en finale les Japonais de Kashima Antlers (4-2, a.p.), grâce à un triplé de Ronaldo et un but de Benzema.

Vignal s'est envolé

On l'avait appelé « le Français volant » avant qu'il ne devienne un Français voleur. Décédé à l'âge de 90 ans en novembre 2016, René Vignal avait été, au Racing Club de Paris et en équipe de France (17 sélections entre 1949 et 1954), un gardien de but spectaculaire au style peu académique dont on disait qu'il mettait la tête là où d'autres ne mettaient pas le pied. Sa carrière terminée, il s'était reconverti dans les braquages, ce qui lui avait valu de passer dix années dans une cage bien moins confortable que celle qui l'avait rendu célèbre.

L'échafaud pour Ranieri

Il avait été l'entraîneur de l'impossible. Celui qui avait conduit le modeste Leicester au titre suprême de champion d'Angleterre devant toutes les grosses cylindrées horrifiées par l'outrage. Quelques mois plus tard, le 23 février 2017, l'Angleterre crie au scandale en apprenant que l'Italien Claudio Ranieri vient d'être licencié. « C'est inexplicable, impardonnable et déchirant », déclare le consultant vedette et ancien international Gary Lineker sur la BBC. Petite précision, Leicester était alors dix-septième et menacé de relégation.

Henry chez les Diables

On le voyait plutôt faire ses classes à Arsenal, mais Arsène Wenger exigeait qu'il mette un terme à ses fonctions de consultant, ce que lui n'envisageait pas. À la surprise générale, c'est donc en équipe de Belgique, en tant que deuxième adjoint du nouvel entraîneur espagnol Roberto Martinez que Thierry Henry, l'homme aux 123 sélections et 51 buts en équipe de France, met un pied dans la carrière en août 2016.

Le scandale Allardyce

À 61 ans, il vient de réaliser son rêve en devenant sélectionneur de l'équipe d'Angleterre. Deux mois plus tard, en septembre 2016, Sam Allardyce se fait virer après la divulgation d'une vidéo compromettante dans laquelle on le voit réclamer de l'argent à de faux hommes d'affaires asiatiques (des journalistes en réalité) pour les aider à investir sur le marché des transferts en contournant les règlements de la Fédération anglaise et de la FIFA. Son bilan pour l'éternité : un match, une victoire.

La mort d'un grand capitaine

Décédé le 25 octobre 2016 à l'âge de 72 ans, Carlos Alberto avait notamment été l'arrière droit et le capitaine de la sensationnelle équipe du Brésil championne du monde en 1970. Sur une passe géniale d'un Pelé au sommet de son art, il avait inscrit le quatrième but de la victoire en finale contre l'Italie (4-1).

Une femme pour la Ligue

Après des semaines de chicayas, d'entourloupes, de coups bas, de petites et de grandes trahisons, les dirigeants du football professionnel français signent un armistice le 11 novembre 2016 et élisent à la tête de la Ligue de football professionnel Nathalie Boy de la Tour. À 48 ans, elle devient la première femme présidente de la LFP après avoir été en 2013 la première femme à siéger au conseil d'administration de cette même ligue.

Le drame de Chapecoense

Le 28 novembre 2016, la délégation de l'équipe brésilienne de Chapecoense, accompagnée de nombreux journalistes, décolle à destination de la Colombie afin d'y disputer la finale de la Copa Sudamericana contre l'Atlético Nacional. Victime d'une panne de carburant, l'avion s'écrase peu de temps avant son arrivée à Medellín. Dans les décombres, on retrouvera 71 corps sans vie, mais aussi 6 rescapés parmi lesquels 3 joueurs de la formation.

Ronaldo cousu d'or

Comme c'était de tradition avant un accord conclu avec la FIFA en 2010, ce sont les journalistes du monde entier, rassemblés sous la bannière de *France Football*, qui décernent en décembre 2016 son quatrième Ballon d'or à Cristiano Ronaldo. Le Portugais devance largement Lionel Messi et Antoine Griezmann. Suivent Luis Suarez et Neymar.

Une statue pour Totti

En mai 2017, Francesco Totti, 40 ans, annonce qu'il met un terme à sa carrière. Champion du monde en 2006 avec l'Italie, il a passé les vingt-cinq années de sa longue carrière à la Roma, avec laquelle il a disputé 786 matchs, dont 619 en Serie A, inscrivant au total 307 buts, dont un au moins en championnat lors des vingt-trois dernières saisons, record qui sera sans doute éternel.

ORIGINE DES DOCUMENTS PHOTOGRAPHIQUES

Toutes les photographies proviennent d'Icon Sport
Sauf : pp. 61, 69 et 71 / Presse Sports.

En première de couverture : Mbappé / Presse Sports.
En quatrième de couverture (de gauche à droite) :
Cavani, Giroud, Lacazette, Zidane et Ronaldo / Icon Sport.

FOOTBALL2017
LES RÉSULTATS

RÉSULTATS

CHAMPIONNAT DE FRANCE DE LIGUE 1

CLASSEMENT FINAL	PTS	J	G	N	P	BP	BC	DIFF.
1. Monaco	95	38	30	5	3	107	31	76
2. Paris SG	87	38	27	6	5	3	27	6
3. Nice	78	38	22	12	4	63	36	27
4. Lyon	67	38	21	4	13	77	48	29
5. Marseille	62	38	17	11	10	57	41	16
6. Bordeaux	59	38	15	14	9	53	43	10
7. Nantes	51	38	14	9	15	40	54	-14
8. Saint-Etienne	50	38	12	14	12	41	42	-1
9. Stade Rennais	50	38	12	14	12	36	42	-6
10. Guingamp	50	38	14	8	16	46	53	-7
11. LOSC	46	38	13	7	18	40	47	-7
12. Angers	46	38	13	7	18	40	49	-9
13. Toulouse	44	38	10	14	14	37	41	-4
14. Metz	43	38	11	10	17	39	72	-33
15. Montpellier	39	38	10	9	19	48	66	-18
16. Dijon	37	38	8	13	17	46	58	-12
17. Caen	37	38	10	7	21	36	65	-29
18. Lorient	36	38	10	6	22	44	70	-26
19. Nancy	35	38	9	8	21	29	52	-23
20. Bastia	34	38	8	10	20	29	54	-25

CLASSEMENT DES BUTEURS

35 buts : **Edinson Cavani** Paris-SG
28 buts : **Alexandre Lacazette** Lyon
21 buts : **Radamel Falcao** Monaco
20 buts : **Bafetimbi Gomis** Marseille
15 buts : **Ivan Santini** Caen **Florian Thauvin** Marseille **Kylian Mbappé** Monaco **Mario Balotelli** Nice
14 buts : **Nicolas De Préville** Lille **Steve Mounié** Montpellier
13 buts : **Benjamin Moukandjo** Lorient
12 buts : **Jimmy Briand** Guingamp **Emiliano Sala** Nantes **Lucas** Paris-SG
11 buts : **Loïs Diony** Dijon **Ryad Boudebouz** Montpellier **Alassane Plea** Nice **Martin Braithwaite** Toulouse
10 buts : **Enzo Crivelli** Bastia **Valère Germain** Monaco
9 buts : **Diego Rolan** Bordeaux **Ronny Rodelin** Caen **Julio Tavares** Dijon **Abdul Majeed Waris** Lorient **Nabil Fekir** Lyon **Fabinho** Monaco **Thomas Lemar** Monaco **Giovanni Sio** Rennes
8 buts : **Famara Diedhiou** Angers **Yannis Salibur** Guingamp **Corentin Tolisso** Lyon **Mathieu Valbuena** Lyon **Cheick Diabaté** Metz **Bernardo Silva** Monaco **Issiar Dia** Nancy **Wylan Cyprien** Nice
7 buts : **Karl Toko Ekambi** Angers **Malcom** Bordeaux **Pierre Lees Melou** Dijon **Guido Carrillo** Monaco **Jean Michaël Seri** Nice **Romain Hamouma** Saint-Etienne **Ola Toivonen** Toulouse
6 buts : **François Kamano** Bordeaux **Gaëtan Laborde** Bordeaux **Younousse Sankharé** Bordeaux **Valentin Vada** Bordeaux **Eder** Lille **Maxwel Cornet** Lyon **Mevlut Erding** Metz **Gabriel Boschilia** Monaco **Kamil Glik** Monaco **Prejuce Nakoulma** Nantes **Angel Di Maria** Paris-SG **Robert Beric** Saint-Etienne
5 buts : **Cheikh N'Doye** Angers **Yann Karamoh** Caen **Frédéric Sammaritano** Dijon **Moustapha Diallo** Guingamp **Jimmy Cabot** Lorient **Sylvain Marveaux** Lorient **Memphis Depay** Lyon **Ismaïla Sarr** Metz **Casimir Rodrigue Ninga** Montpellier **Anastasios Donis** Nice **Andy Delort** Toulouse
4 buts : **Gaël Danic** Bastia **Marcus Coco** Guingamp **Nill De Pauw** Guingamp **Rony Lopes** Lille **Clinton Njie** Marseille **Dimitri Payet** Marseille **Rolando** Marseille **Morgan Sanson** Marseille **Yann Jouffre** Metz **Yacine Bammou** Nantes **Mariusz Stepinski** Nantes **Valentin Eysseric** Nice **Julian Draxler** Paris-SG **Blaise Matuidi** Paris-SG **Adama Diakhaby** Rennes **Yoann Gourcuff** Rennes **Kamil Grosicki** Rennes **Wesley Saïd** Rennes **Kevin Monnet-Paquet** Saint-Etienne **Loïc Perrin** Saint-Etienne **Nolan Roux** Saint-Etienne **Christopher Jullien** Toulouse
3 buts : **Jonathan Bamba** Angers **Thomas Mangani** Angers **Nicolas Pepe** Angers **Sadio Diallo** Bastia **Prince Oniangué** Bastia **Allan Saint-Maximin** Bastia **Jérémy Ménez** Bordeaux **Adam Ounas** Bordeaux **Mehdi Abeid** Dijon **Cédric Varrault** Dijon **Alexandre Mendy** Guingamp **Sloan Privat** Guingamp **Yassine Benzia** Lille **Michaël Ciani** Lorient **Maxime Lopez** Marseille **Simon Falette** Metz **Georges Mandjeck** Metz **Paul Lasne** Montpellier **Isaac Mbenza** Montpellier **Youssef Aït Bennasser** Nancy **Maurice Junior Dalé** Nancy **Faitout Maouassa** Nancy **Guillaume Gillet** Nantes **Younes Belhanda** Nice **Mickaël Le Bihan** Nice **Marquinhos** Paris-SG **Adrien Rabiot** Paris-SG **Thiago Silva** Paris-SG **Marco Verratti** Paris-SG **Firmin Mubele Ndombe** Rennes **Vincent Pajot** Saint-Etienne **Jordan Veretout** Saint-Etienne
2 buts : **Pierrick Capelle** Angers **Flavien Tait** Angers **Thievy Bifouma** Bastia **Isaac Kiese Thelin** Bordeaux **Nicolas Pallois** Bordeaux **Hervé Bazile** Caen **Julien Féret** Caen **Jordan Loties** Dijon **Lucas Deaux** Guingamp **Romain Philippoteaux** Lorient **Rachid Ghezzal** Lyon **Rémy Cabella** Marseille **Opa Nguette** Metz **Thibaut Vion** Metz **Tiémoué Bakayoko** Monaco **Jemerson** Monaco **João Moutinho** Monaco **Djibril Sidibé** Monaco **Adama Traoré** Monaco **Stéphane Sessegnon** Montpellier **Alou Diarra** Nancy **Loïc Puyo** Nancy **Diego Carlos** Nantes **Valentin Rongier** Nantes **Adrien Thomasson** Nantes **Paul Baysse** Nice **Ricardo Pereira** Nice **Layvin Kurzawa** Paris-SG **Paul Georges Ntep** Rennes **Arnaud Nordin** Saint-Etienne **Issa Diop** Toulouse **Jimmy Durmaz** Toulouse **Oscar Trejo** Toulouse
1 buts : **Grégory Bourillon** Angers **Billy Ketkeophomphone** Angers **Vincent Manceau** Angers **Mateo Pavlovic** Angers **Romain Thomas** Angers **Ismaël Traoré** Angers **Pierre Bengtsson** Bastia **Yannick Cahuzac** Bastia **Alexander Djiku** Bastia **Igor Lewczuk** Bordeaux **Jaroslav Plasil** Bordeaux **Pape Sané** Caen **Alaeddine Yahia** Caen **Dylan Bahamboula** Dijon **Jordan Marié** Dijon **Yohan Rivière** Dijon **Nicolas Benezet** Guingamp **Ludovic Blas** Guingamp **Etienne Didot** Guingamp **Thibault Giresse** Guingamp **Jérémy Sorbon** Guingamp **Ibrahim Amadou** Lille **Marko Basa** Lille **Yves Bissouma** Lille **Franck Béria** Lille **Renato Civelli** Lille **Sébastien Corchia** Lille **Anwar El Ghazi** Lille **Julian Palmieri** Lille **Naim Sliti** Lille **Martin Terrier** Lille **Xeka** Lille **Jeremie Aliadière** Lorient **Pierre-Yves Hamel** Lorient **Wesley Lautoa** Lorient **Vincent Le Goff** Lorient **Arnold Mvuemba** Lorient **Zargo Touré** Lorient **Sergi Darder** Lyon **Mouctar Diakhaby** Lyon **Jordan Ferri** Lyon **Maxime Gonalons** Lyon **Christophe Jallet** Lyon **Emanuel Mammana** Lyon **Lucas Tousart** Lyon **Doria** Marseille **Patrice Evra** Marseille **Rod Fanni** Marseille **Grégory Sertic** Marseille **Renaud Cohade** Metz **Habib Diallo** Metz **Gauthier Hein** Metz **Guido Leonardo Milan** Metz **Nabil Dirar** Monaco **Jorge** Monaco **Souleymane Camara** Montpellier **Daniel Congré** Montpellier **Vitorino Hilton** Montpellier **Jonathan Ikoné** Montpellier **Jérôme Roussillon** Montpellier **Ellyes Skhiri** Montpellier **Yacouba Sylla** Montpellier **Tobias Badila** Nancy **Alexis Busin** Nancy **Julien Cetout** Nancy **Joffrey Cuffaut** Nancy **Modou Diagne** Nancy **Anthony Koura** Nancy **Christophe Mandanne** Nancy **Benoît Pedretti** Nancy **Amine Harit** Nantes **Jules Iloki** Nantes **Lucas Lima** Nantes **Felipe Pardo** Nantes **Nicolaj Thomsen** Nantes **Vincent Koziello** Nice **Malang Sarr** Nice **Arnaud Souquet** Nice **Jean-Kévin Augustin** Paris-SG **Jesé** Paris-SG **Thomas Meunier** Paris-SG **Christopher Nkunku** Paris-SG **Morgan Amalfitano** Rennes **Joris Gnagnon** Rennes **Adrien Hunou** Rennes **Aldo Kalulu** Rennes **Mexer** Rennes **Sanjin Prcic** Rennes **Benjamin Corgnet** Saint-Etienne **Jorginho** Saint-Etienne **Florentin Pogba** Saint-Etienne **Dylan Saint-Louis** Saint-Etienne **Henri Saivet** Saint-Etienne **Alexander Toft Söderlund** Saint-Etienne **Oussama Tannane** Saint-Etienne **Yann Bodiger** Toulouse **Odsonne Edouard** Toulouse **Corentin Jean** Toulouse **Issiaga Sylla** Toulouse

CHAMPIONNAT DE FRANCE DE LIGUE 2

CLASSEMENT FINAL	PTS	J	G	N	P	BP	BC	DIFF.
1. Strasbourg	67	38	19	10	9	63	47	16
2. Amiens	6	8	19	9	10	6	38	8
3. Troyes	66	38	19	9	10	59	43	16
4. Lens	65	38	18	11	9	59	40	19
5. Brest	65	38	19	8	11	58	44	14
6. Nîmes	64	38	17	13	8	58	40	18
7. Reims	55	38	14	13	11	42	39	3
8. Le Havre	54	38	14	12	12	39	31	8
9. Gazélec Ajaccio	51	38	13	12	13	47	51	-4
10. Niort	49	38	12	13	13	45	57	-12
11. AC Ajaccio	48	38	13	9	16	47	58	-11
12. Clermont	46	38	11	13	14	46	48	-2
13. Sochaux	46	38	11	13	14	38	43	-5
14. Valenciennes	45	38	10	15	13	44	44	0
15. Bourg-en-Bresse	44	38	11	11	16	49	58	-9
16. Tours	43	38	10	13	15	55	60	-5
17. Auxerre	43	38	11	10	17	28	40	-12
18. Orléans	38	38	11	9	18	41	54	-13
19. Red Star	36	38	8	12	18	36	56	-20
20. Laval	30	38	5	15	18	33	52	-19

CHAMPIONNAT NATIONAL

CLASSEMENT FINAL	PTS	J	G	N	P	BP	BC	DIFF.
1. Châteauroux	59	34	16	11	7	43	35	8
2. Quevilly-Rouen	58	34	15	13	6	50	37	13
3. Paris FC	54	34	15	9	10	30	18	12
4. Marseille Consolat	54	34	16	6	12	52	44	8
5. Chambly	54	34	14	12	8	42	34	8
6. Dunkerque	53	34	15	8	11	51	37	14
7. Lyon-Duchère	50	34	14	8	12	40	37	3
8. Béziers	50	34	14	8	12	44	41	3
9. Boulogne-sur-Mer	49	34	13	10	11	47	38	9
10. Avranches	46	34	12	10	12	47	46	1
11. Concarneau	46	34	13	7	14	38	43	-5
12. Créteil	42	34	12	6	16	40	49	-9
13. Herbiers	39	34	8	15	11	38	42	-4
14. Pau	38	34	8	14	12	28	37	-9
15. Epinal	37	34	8	13	13	33	39	-6
16. CA Bastia	36	34	9	9	16	34	53	-19
17. Sedan	35	34	9	8	17	39	52	-13
18. Belfort	31	34	8	7	19	32	46	-14

COUPE DE LA LIGUE

1er tour : 09/08/2016
Reims – Le Havre : 2-5
Lens – AC Ajaccio : 3-0
Strasbourg – Niort : 1-0
Brest – Valenciennes : 0-0 (5 t.a.b. à 3)
Paris FC – Red Star : 1-1 (5 t.a.b. à 3)
Laval – Troyes : 1-0
Clermont – Amiens : 2-1
Auxerre – Bourg-en-Bresse : 2-2 (5 t.a.b. à 4)
Orléans – Tours : 1-0
Sochaux – GFC Ajaccio : 0-0 (4 t.a.b. à 2)
Nîmes – Châteauroux : 1-1 (1 t.a.b. à 3)
Créteil – Évian : annulé

2e tour : 23/08/2016
Auxerre – Strasbourg : 2-0
Orléans – Laval : 0-0 (1 t.a.b. à 4)
Sochaux – Brest : 2-0
Le Havre – Châteauroux : 2-5
Lens – Paris FC : 0-0 (6 t.a.b. à 7)
Clermont – Créteil : 2-1

16es de finale : 25-26/10/2016
Laval – Montpellier : 0-2
Nantes – Angers : 2-1
Châteauroux – Bordeaux : 0-2
Rennes – Lorient : 3-2
Bastia – Guingamp : 1-1 (3 t.a.b. à 4)
Nancy – Caen : 4-2
Clermont – Marseille : 1-2
Dijon – Sochaux : 1-1 (4 t.a.b. à 5)
Toulouse – Auxerre : 1-0
Paris FC – Metz : 1-1 (6 t.a.b. à 7)

8es de finale : 13-14/12/2016
Nantes – Montpellier : 3-1
Sochaux – Marseille : 1-1 (4 t.a.b. à 3)
Bordeaux – Nice : 3-2
Saint-Étienne – Nancy : 0-1
Metz – Toulouse : 1-1 (11 t.a.b. à 10)
Monaco – Rennes : 7-0
Lyon – Guingamp 2-2 (3 t.a.b. à 4)
Paris SG – Lille : 3-1

Quarts de finale : 10-11/01/2017
Nantes – Nancy : 0-2
Sochaux – Monaco : 1-1 (3 t.a.b. à 4)
Bordeaux – Guingamp : 3-2
Paris SG – Metz : 2-0

Demi-finales : 24-25/01/2017
Bordeaux – Paris SG : 1-4
Monaco – Nancy : 1-0

Finale : 01/04/2017
Monaco – Paris SG 1-4
(Mi-temps : 1-2)
Terrain : Parc OL
Arbitre : Frank Schneider
Spectateurs : 57 841
Monaco : Subašić : Sidibé (Touré, 90e), Glik, Jemerson, Mendy : (c.) Bakayoko, Moutinho, B. Silva, Lemar (Cardona, 77e) : (c.) Germain (Dirar, 63e), Mbappé.
Paris SG : Trapp : Aurier, (c.) T. Silva, Kimpembe, Kurzawa : Verratti (Matuidi, 81e), T. Motta (Lucas, 87e), Rabiot : Di María, Cavani, Draxler (Pastore, 56e).
Buts : Monaco : Lemar (27e) ; Paris SG : Draxler (4e), Di María, (44e), Cavani (54e, 90e).
Avertissements : Monaco : Mendy (62e) ; Paris SG : Kurzawa (55e), Trapp (66e).

COUPE DE FRANCE

32es de finale : 6-7-8-14-18/01/2017
Monaco – AC Ajaccio : 2-1
Avranches – Laval : 3-1
Les Herbiers – GFC Ajaccio : 4-3
Lille – AS Exelsior : 4-1
Strasbourg – Épinal : 4-2
Sarreguemines – Reims : 2-1
Blagnac – Niort : 0-1
Hauts Lyonnais – Bastia : 0-0 (3 t.a.b. à 4)
Bergerac – Rodéo FC : 2-2 (3 t.a.b. à 2)
Le Poirée-sur-Vie – Viry-Châtillon : 3-1
Guingamp – Le Havre : 2-1
Besançon – Nancy : 0-3
Blois – Nantes : 1-2
Louhans-Cuiseaux – Dijon : 0-2
Quevilly – Drancy : 3-2
Grenoble – Fréjus : 1-2
Paris SG – Bastia : 7-0
Toulouse – Marseille : 1-2
Lorient – Nice : 2-1
Clermont – Bordeaux : 0-1
Lens – Metz : 2-0
Sainte-Geneviève – Caen : 0-3
Auxerre – Troyes : 4-2
Croix – Saint-Étienne : 1-4
Granville – Angers : 1-2
Biarritz – Rennes : 0-6
Châteauroux – Pau : 4-1
Istres – Marseille Consolat : 1-3
Lyon – Montpellier : 5-0
Lunéville – Chambly : 0-2
Prix-lès-Mézières – Feignies-Aulnoye : 2-1
Fleury-Mérogis – Brest : 2-0

16es de finale : 31/01/2017 – 01/02/2017
Lille – Nantes : 1-0
Bordeaux – Dijon : 2-1
Châteauroux – Lorient : 2-3 (a.p.)
Bergerac – Lens : 2-0
Sarreguemines – Niort : 0-3
Le Poiré-sur-Vie – Strasbourg : 0-1
Quevilly – Marseille Consolat : 3-0
Marseille – Lyon : 2-1 (a.p.)
Angers – Caen : 3-1
Auxerre – Saint-Étienne : 3-0 (a.p.)
CA Bastia – Nancy : 2-0
Chambly – Monaco : 4-5 (a.p.)
Les Herbiers – Guingamp : 1-2 (a.p.)
Avranches – Fleury : 1-0
Fréjus – Prix-lès-Mézières : 1-0
Rennes – Paris SG : 0-4

8es de finale : 28/02/2017 – 1-2/03/2017
CA Bastia – Angers : 0-1
Fréjus – Auxerre : 2-0
Bordeaux – Lorient : 2-1
Niort – Paris SG : 0-2
Quevilly – Guingamp : 1-2
Avranches – Strasbourg : 1-1 (6 t.a.b. à 5)
Marseille – Monaco : 3-4 (a.p.)
Bergerac – Lille : 1-2

Quarts de finale : 4-5/04/2017
Fréjus – Guingamp : 0-1
Monaco – Lille : 2-1
Angers – Bordeaux : 2-1
Avranches – Paris SG : 0-4

Demi-finales : 25-26/04/2017
Angers – Guingamp : 2-0
Paris SG – Monaco : 5-0

Finale : 27/05/2017
Paris SG – Angers : 1-0

LIGUE DES CHAMPIONS

3e tour préliminaire : 26/07/2018 – 03/08/2016
Viktoria Plzen – Qarabag : 0-0 ; 1-1
Dinamo Zagreb – Dinamo Tbilissi : 2-0 ; 1-0
Rosenborg – APOEL Nicosie : 2-1 ; 0-3
Ludogorets – Étoile Rouge Belgrade : 2-2 ; 4-2 (a.p.)
BATE Borisov – Dundalk : 1-0 ; 0-3
Sparta Prague – Steaua Bucarest : 1-1 ; 0-2
Astra Giurgiu – Copenhague : 1-1 ; 0-3
Olympiakos – Hapoël Beer Sheva : 0-0 ; 0-1
Chakhtior Donetsk – Young Boys Berne : 2-0 ; 0-3 (a.p.)
Ajax Amsterdam – PAOK Salonique : 1-1 ; 2-1
Tirana – Salzbourg : 0-1 ; 0-2
Fenerbahçe – **Monaco** : 2-1 ; 1-3
Astana – Celtic Glasgow : 1-1 ; 1-2
Rostov – Anderlecht : 2-2 ; 2-0
Trencin – Legia Varsovie : 0-1 ; 0-0

Barrages : 16-24/08/2016
Villarreal – **Monaco** : 1-2 ; 0-1
FC Porto – AS Rome : 1-1 ; 3-0
Celtic Glasgow – Hapoël Beer Sheva : 5-2 ; 0-2
Dundalk – Legia Varsovie : 0-2 ; 1-1
Ludogorets – Viktoria Plzen : 2-0 ; 2-2
Young Boys Berne – Borussia M'Gladbach : 1-3 ; 1-6
Steaua Bucarest – Manchester City : 0-5 ; 0-1
Dinamo Zagreb – Salzbourg : 1-1 ; 2-1 (a.p.)
Copenhague – APOEL Nicosie : 1-0;1-1
Ajax Amsterdam – Rostov : 1-1 ; 1-4

PHASE DE GROUPES
GROUPE A

13/09/2016	**Paris SG** – Arsenal : 1-1
	Bâle – Ludogorets : 1-1
28/09/2016	Ludogorets – **Paris SG** : 1-3
	Arsenal – Bâle : 2-0
19/10/2016	**Paris SG** – Bâle : 3-0
	Arsenal – Ludogorets : 6-0
01/11/2016	Bâle – **Paris SG** : 1-2
	Ludogorets – Arsenal : 2-3
23/11/2016	Arsenal – **Paris SG** : 2-2
	Ludogorets – Bâle : 0-0
06/12/2016	Bâle – Arsenal : 1-4
	Paris SG – Ludogorets : 2-2

RÉSULTATS

Classement	Pts	J	G	N	P	BP	BC	Diff
1. Arsenal	14	6	4	2	0	18	6	+12
2. Paris SG	12	6	3	3	0	13	7	+6
3. Ludogorets	3	6	0	3	3	6	15	-9
4. Bâle	2	6	0	2	4	3	12	-9

GROUPE B

13/09/2016 Benfica – Besiktas : **1-1**
Dynamo Kiev – Naples : **1-2**
28/09/2016 Besiktas – Dynamo Kiev : **1-1**
Naples – Benfica : **4-2**
19/10/2016 Dynamo Kiev – Benfica : **0-2**
Naples – Besiktas : **2-3**
01/11/2016 Besiktas – Naples : **1-1**
Benfica – Dynamo Kiev : **1-0**
23/11/2016 Besiktas – Benfica : **3-3**
Naples – Dynamo Kiev : **0-0**
06/12/2016 Dynamo Kiev – Besiktas : **6-0**
Benfica – Naples : **1-2**

Classement final	Pts	J.	G.	N.	D.	Bp.	Bc.	Diff.
1. Naples	11	6	3	2	1	11	8	+3
2. Benfica	8	6	2	2	2	10	10	0
3. Besiktas	7	6	1	4	1	9	14	-5
4. Dynamo Kiev	5	6	1	2	3	8	6	+2

GROUPE C

13/09/2016 FC Barcelone – Celtic Glasgow : **7-0**
14/09/2016 Manchester City – Borussia M'Gladbach : **4-0**
28/09/2016 Borussia M'Gladbach – FC Barcelone : **1-2**
Celtic Glasgow – Manchester City : **3-3**
19/10/2016 Celtic Glasgow – Borussia M'Gladbach : **0-2**
FC Barcelone – Manchester City : **4-0**
01/11/2016 Borussia M'Gladbach – Celtic Glasgow : **1-1**
Manchester City – FC Barcelone : **3-1**
23/11/2016 Celtic Glasfow – FC Barcelone : **0-2**
Borussia M'Gladbach – Manchester City : **1-1**
06/12/2016 Manchester City – Celtic Glasgow : **1-1**
FC Barcelone – Borussia M'Gladbach : **4-0**

Classement final	Pts	J.	G.	N.	D.	Bp.	Bc.	Diff.
1. FC Barcelone	15	6	5	0	1	20	4	+16
2. Manchester City	9	6	2	3	1	12	10	+2
3. Borussia M'Gladbach	5	6	1	2	3	5	12	-7
4. Celtic Glasgow	3	6	0	3	3	5	16	-11

GROUPE D

13/09/2016 PSV Eindhoven – Atlético Madrid : **0-1**
Bayern Munich – Rostov : **5-0**
28/09/2016 Atlético Madrid – Bayern Munich : **1-0**
Rostov – PSV Eindhoven : **2-2**
19/10/2016 Rostov – Atlético Madrid : **0-1**
Bayern Munich – PSV Eindhoven : **4-1**
01/11/2016 PSV Eindhoven – Bayern Munich : **1-2**
Atlético Madrid – Rostov : **2-1**
23/11/2016 Rostov – Bayern Munich : **3-2**
Atlético Madrid – PSV Eindhoven : **2-0**
06/12/2016 Bayern Munich – Atlético Madrid : **1-0**
PSV Eindhoven – Rostov : **0-0**

Classement final	Pts	J.	G.	N.	D.	Bp.	Bc.	Diff.
1. Atlético Madrid	15	6	5	0	1	7	2	+5
2. Bayern Munich	12	6	4	0	2	14	6	+8
3. Rostov	5	6	1	2	3	6	12	-6
4. PSV Eindhoven	2	6	0	2	4	4	11	-7

Groupe E

14/09/2016 Tottenham – **Monaco** : **1-2**
Bayer Leverkusen – CSKA Moscou : **2-2**
27/09/2016 **Monaco** – Bayer Leverkusen : **1-1**
CSKA Moscou – Tottenham : **0-1**
18/10/2016 CSKA Moscou – **Monaco** : **1-1**
Bayer Leverkusen – Tottenham : **0-0**
02/11/2016 Tottenham – Bayer Leverkusen : **0-1**
Monaco – CSKA Moscou : **3-0**
22/11/2016 CSKA Moscou – Bayer Leverkusen : **1-1**
Monaco – Tottenham : **2-1**
07/12/2016 Bayer Leverkusen – **Monaco** : **3-0**
Tottenham – CSKA Moscou : **3-1**

Classement final	Pts	J.	G.	N.	D.	Bp.	Bc.	Diff.
1. Monaco	11	6	3	2	1	9	7	+2
2. Bayer Leverkusen	10	6	2	4	0	8	4	+4
3. Tottenham	7	6	2	1	3	6	6	0
4. CSKA Moscou	3	6	0	3	3	5	11	-6

GROUPE F

14/09/2016 Legia Varsovie – Borussia Dortmund : **0-6**
Real Madrid – Sporting Portugal : **2-1**
27/09/2016 Borussia Dortmund – Real Madrid : **2-2**
Sporting Portugal – Legia Varsovie : **2-0**
18/10/2016 Sporting Portugal – Borussia Dortmund : **1-2**
Real Madrid – Legia Varsovie : **5-1**
02/11/2016 Legia Varsovie – Real Madrid : **3-3**
Borussia Dortmund – Sporting Portugal : **1-0**
22/11/2016 Sporting Portugal – Real Madrid : **1-2**
Borussia Dortmund – Legia Varsovie : **8-4**
07/12/2016 Real Madrid – Borussia Dortmund : **2-2**
Legia Varsovie – Sporting Portugal : **1-0**

Classement final	Pts	J.	G.	N.	D.	Bp.	Bc.	Diff.
1. Borussia Dortmund	14	6	4	2	0	21	9	+12
2. Real Madrid	12	6	3	3	0	16	10	+6
3. Legia Varsovie	4	6	1	1	4	9	24	-15
4.Sporting Portugal	3	6	1	0	5	5	8	-3

GROUPE G

14/09/2016 Bruges – Leicester : **0-3**
Porto – Copenhague : **1-1**
27/09/2016 Leicester – Porto : **1-0**
Copenhague – Bruges : **4-0**
18/10/2016 Leicester – Copenhague : **1-0**
Bruges – Porto : **1-2**
02/11/2016 Copenhague – Leicester : **0-0**
Pporto – Bruges : **1-0**
22/11/2016 Copenhague – Porto : **0-0**
Leicester – Bruges : **2-1**
07/12/2016 Porto – Leicester : **5-0**
Bruges – Copenhague : **0-2**

Classement final	Pts	J.	G.	N.	D.	Bp.	Bc.	Diff.
1. Leicester	13	6	4	1	1	7	6	+1
2. Porto	11	6	3	2	1	9	3	+6
3. Copenhague	9	6	2	3	1	7	2	+5
4.Bruges	0	6	0	0	6	2	14	-12

GROUPE H

14/09/2016 **Lyon** – Dinamo Zagreb : **3-0**
Juventus Turin – Séville FC : **0-0**
27/09/2016 Séville FC – **Lyon** : **1-0**
Dinamo Zagreb – Juventus Turin : **0-4**
18/10/2016 **Lyon** – Juventus Turin : **0-1**
Dinamo Zagreb – Séville FC : **0-1**
02/11/2016 Juventus Turin – **Lyon** : **1-1**
Séville FC – Dinamo Zagreb : **4-0**
22/11/2016 Dinamo Zagreb – **Lyon** : **0-1**
Séville FC – Juventus Turin : **1-3**
07/12/2016 Juventus Turin – Dinamo Zagreb : **2-0**
Lyon – Séville FC : **0-0**

Classement final	Pts	J.	G.	N.	D.	Bp.	Bc.	Diff.
1. Juventus Turin	14	6	4	2	0	11	2	+9
2. Séville FC	11	6	3	2	1	7	3	+4
3. Lyon	8	6	2	2	2	5	3	+2
4. Dinamo Zagreb	0	6	0	0	6	0	15	-15

Les deux premiers de chaque groupe sont qualifiés pour les huitièmes de finale, le troisième est reversé en Ligue Europa.

8es de finale : 14-15-21-22/02/2017 ; 08/03/2017
Bayern Munich – Arsenal : **5-1 ; 5-1**
Real Madrid – Naples : **3-1 ; 3-1**
Benfica – Borussia Dortmund : **1-0 ; 0-4**
Paris SG – FC Barcelone : **4-0 ; 1-6**
Séville FC – Leicester : **2-1 ; 0-2**
FC Porto – Juventus Turin : **0-2 ; 0-1**
Manchester City – **Monaco** : **5-3 ; 1-3**
Bayer Leverkusen – Atlético Madrid : **2-4 ; 0-0**

14 février 2017
Paris SG – FC Barcelone 4-0
(Mi-temps : 2-0)
Terrain : Parc des Princes
Arbitre : Szymon Marciniak (Pologne)
Spectateurs : 46 484
Paris SG : Trapp : Meunier, Marquinhos, Kimpembe, Kurzawa : Verratti (Nkunku, 70e), Rabiot, (c.) Matuidi : Di María (Lucas, 61e), Cavani, Draxler (Pastore, 86e).
FC Barcelone : Ter-Stegen : Roberto, Piqué, Umtiti, Alba : Gomes (Rafinha, 58e), Busquets, (c.) Iniesta (Rakitic, 72e) : Messi, Suarez, Neymar.
Buts : Paris SG : Di María (18e, 55e), Draxler (40e), Cavani (71e).
Avertissements : Paris SG : Rabiot (3e) ; FC Barcelone : Gomes (33e), Busquets (63e), Rafinha (74e).

8 mars 2017
FC Barcelone – Paris SG 6-1
(Mi-temps : 2-0)
Terrain : Camp Nou
Arbitre : Deniz Aytekin (Allemagne)
Spectateurs : 96 290
FC Barcelone : Ter-Stegen : Mascherano, Piqué, Umtiti : Rakitic (Gomes, 84e), Busquets, (c.) Iniesta (Turan, 65e) : Rafinha (Roberto, 76e), Messi, Neymar, Suarez.
Paris SG : Trapp : Meunier (Krychowiak, 90e), Marquinhos, (c.) T. Silva, Kurzawa : Verratti, Rabiot, Matuidi : Lucas (Di María, 55e), Cavani, Draxler (Aurier, 75e).
Buts : Paris SG : Cavani (62e) ; FC Barcelone : Suarez (3e), Kurzawa (40e, csc), Messi (50e), Neymar (88e, 90e+1), Roberto (90e+5).
Avertissements : Paris SG : Matuidi (6e), Draxler (14e), Cavani (42e), Marquinhos (90e), Verratti (90e+4) ; FC Barcelone : Piqué (23e), Busquets (36e), Rakitic (61e), Neymar (64e), Suarez (67e).

21 février 2017
Manchester City – Monaco 5-3
(Mi-temps : 1-2)
Terrain : Etihad Stadium
Arbitre : Antonio Miguel Mateu Lahoz (Espagne)
Spectateurs : 53 351
Manchester City : Caballero : Sagna, Otamendi, Stones, Fernandinho (Zabaleta, 62e) : De Bruyne, Touré, (c.) D. Silva : Sterling (Navas, 89e), Agüero (Fernando, 87e), Sané.
Monaco : Subašić : Sidibé, Glik, Raggi, Mendy : B. Silva (Moutinho, 84e), Fabinho, Bakayoko (Dirar, 88e), Lemar : Mbappé (Germain, 79e), (c.) Falcao.
Buts : Manchester City : Sterling (28e), Agüero (58e, 71e), Stones (77e), Sané (82e) ; Monaco : Falcao (31e, 61e), Mbappé (40e).
Avertissements : Manchester City : Agüero (35e), Fernandinho (39e), Otamendi (49e), Zabaleta (73e) ; Monaco : Glik (8e), Sidibé (25e), Bakayoko (55e), Falcao (67e), B. Silva (76e), Fabinho (81e).

15 mars 2017
Monaco – Manchester City 1-3
(Mi-temps : 2-0)
Terrain : stade Louis-II
Arbitre : Gianluca Rocchi (Italie)
Spectateurs : 15 170
Monaco : Subašić : Sidibé, Raggi (Touré, 70e), Jemerson, Mendy : Fabinho, Bakayoko : B. Silva, (c.) Germain (Dirar, 90e), Mbappé (Moutinho, 81e), Lemar.
Manchester City : Caballero : Sagna, Stones, Kolarov, Clichy (Iheanacho, 84e) : (c.) D. Silva, Fernandinho, De Bruyne : Sterling, Agüero, Sané.
Buts : Monaco : Mbappé (8e), Fabinho (29e), Bakayoko (77e) ; Manchester City : Sané (71e).
Avertissements : Monaco : Bakayoko (59e), Germain (89e), Lemar (90e) ; Manchester City : Sagna (11e), De Bruyne (58e), Sterling (75e).

Quarts de finale : 11/04/2017 ; 18/04/2017
Atlético Madrid – Leicester : **1-0 ; 1-1**
Bayern Munich – Real Madrid : **1-2 ; 2-4 (a.p.)**
Borussia Dortmund – **Monaco** : **2-3 ; 1-3**
Juventus Turin – FC Barcelone : **3-0** ; 0-0

12 avril 2017
Borussia Dortmund – Monaco 2-3
(Mi-temps : 0-2)
Terrain : Signal Iduna Park
Arbitre : Daniele Orsato (Italie)
Spectateurs : 65 849
Borussia Dortmund : Bürki : Piszczek, Papastathopoulos, Bender (Sahin, 46e) : Ginter, Weigl, Kagawa, (c.) Schmelzer (Pusilic, 46e) : Dembélé, Aubameyang, Guerreiro.
Monaco : Subašić : Touré, Glik, Jemerson, Raggi : B. Silva (Dirar, 66e), Fabinho, Moutinho, Lemar – (c.) Falcao (Germain, 85e), Mbappé.
Buts : Borussia Dortmund : Dembélé (57e), Kagawa (84e) ; Monaco : Mbappé (19e, 79e), Bender (35e, csc).
Avertissements : Borussia Dortmund : Papastathopoulos (16e), Ginter (40e) ; Monaco : Jemerson (46e), Lemar (58e), Dirar (69e), Fabinho (81e), Subašić (87e).

19 avril 2017
Monaco – Borussia Dortmund 3-1
(Mi-temps : 2-0)
Terrain : stade Louis-II
Arbitre : Damir Skomina (Slovénie)
Spectateurs : 17 135
Monaco : Subašić : Touré, Glik, Jemerson, Mendy : B. Silva (Raggi, 90e), Bakayoko, Moutinho, Lemar : Mbappé (Germain, 81e), (c.) Falcao (Dirar, 68e).
Borussia Dortmund : Bürki : Piszczek, Papastathopoulos, Ginter, Guerreiro (Pulisic, 72e) – Durm (Dembélé, 27e), Weigl, (c.) Reus : Kagawa, Sahin (Schmelzer, 46e), Aubameyang.

Buts : Monaco : Mbappé (3e), Falcao (17e), Germain (82e) ; Borussia Dortmund : Reus (48e).

Demi-finales : 2-3/05/2017 ; 9-10/05/2017
Real Madrid – Atlético Madrid : **3-0 ; 1-2**
Monaco – Juventus Turin : **0-2 ; 1-2**

3 mai 2017
Monaco – Juventus Turin 0-2
(Mi-temps : 0-1)
Terrain : stade Louis-II
Arbitre : Antonio Miguel Mateu Lahoz (Espagne)
Spectateurs : 17 135
Monaco : Subašić : Dirar, Glik, Jemerson, Sidibé : B. Silva (Touré, 81e), Fabinho, Bakayoko (Moutinho, 66e), Lemar (Germain, 67e) : (c.) Falcao, Mbappé.
Juventus Turin : (c.) Buffon : Barzagli, Bonucci, Chiellini – Alves, Pjanic (Lemina, 89e), Dibala, Marchisio (Rincón, 81e) Alex Sandro : Higuaín (Cuadrado, 77e), Mandžukic.
Buts : Juventus Turin : Higuaín (29e, 59e).
Avertissements : Monaco : Fabinho (37e) ; Juventus Turin : Bonucci (21e), Marchisio (58e), Chiellini (69e).

9 mai 2017
Juventus Turin – Monaco 2-1
(Mi-temps : 2-0)
Terrain : Juventus Stadium
Arbitre : Björn Kuipers (Pays-Bas)
Spectateurs : 40 000
Juventus Turin : (c.) Buffon : Barzagli, Bonucci, Chiellini – Alves, Pjanic, Khedira (Marchisio, 10e), Alex Sandro : Dybala (Cuadrado, 54e), Higuaín, Mandžukic.
Monaco : Subašić : Raggi, Glik, Jemerson, Mendy (Fabinho, 54e) – Moutinho, Bakayoko (Germain, 78e), Sidibé, Silva (Lemar, 69e) – (c.) Falcao, Mbappé.
Buts : Juventus Turin : Mandžukic (33e), Alves (44e) Monaco : Mbappé (69e)
Avertissements : Juventus Turin : Bonucci (73e), Mandžukic (90e) ; Monaco : Falcao (40e), Mendy (51e)

Finale
Real Madrid – Juventus Turin : **4-1**

LIGUE EUROPA

3e tour préliminaire : 28/07/16-04/08/16
Admira Wacker – Slovan Liberec : **1-2 ; 0-2**
Göteborg – Helsinki : **1-2 ; 2-0**
Videoton – Midtjylland : **0-1 ; 1-1 (a.p.)**
Osmanlispor – Nomme Kalju : **1-0 ; 2-0**
AEK Larnaca – Spartak Moscou : **1-1 ; 1-0**
Austria Vienne – Spartak Trnava : **0-1 ; 1-0 (5 t.a.b. à 4)**
Birkirkara – Krasnodar : **0-3 ; 1-3**
Grasshopper Zurich – Limassol : **2-1 ; 3-3 (a.p.)**
FK Jelgava – Beitar Jérusalem : **1-1 ; 0-3**
Skendija Tetovo – Mlada Boleslav : **2-0 ; 0-1**
Heracles Almelo – Arouca : **1-1 ; 0-0**
Panathinaïkos – Solna : **1-0 ; 2-0**
Lille – Qabala : **1-1 ; 0-1**
Zagreb – Poltava : **0-0 ; 3-2**
Lubin – SönderjyskE : **1-2 ; 1-1**
Pandurii Târgu Jiu – Maccabi Tel Aviv : **1-3 ; 1-2**
Novi Sad – Minsk : **1-1 ; 2-0**
Saint-Étienne – AEK Athènes : **0-0 ; 1-0**
AZ Alkmaar – Giannina : **1-0 ; 2-1**
Hertha Berlin – Bröndby : **1-0 ; 1-3**
Aberdeen – Maribor : **1-1 ; 0-1**
Istanbul Basaksehir – Rijeka : **0-0 ; 2-2**
La Gantoise – Constanta : **5-0 ; 0-0**
Oleksandria – Hadjuk Split : **0-3 ; 1-3**
Lucerne – Sassuolo : **1-1 ; 0-3**
Domzale – West Ham : **2-1 ; 0-3**
Genk – Cork : **1-0 ; 2-1**
Slavia Prague – Rio Ave : **0-0 ; 1-1**
Torpedo Zhodino – Rapid Vienne : **0-0 ; 0-3**

Barrages : 17-25/04/2016
Göteborg – Qarabag : **1-0 ; 0-3**
Fenerbahçe – Grasshopper Zurich : **3-0 ; 2-0**
Austria Vienne – Rosenborg : **2-1 ; 2-1**
Panathinaïkos – Brönby : **3-0 ; 1-1**
Larnaca – Slovan Liberec : **0-1 ; 0-3**
Krasnodar – Tirana : **4-0 ; 0-0**
SönderjyskE – Sparta Prague : **0-0 ; 2-3**
Zagreb – Genk : **2-2 ; 0-2**
Slavia Prague – Anderlecht : **0-3 ; 0-3**
Dinamo Tbilissi – PAOK Salonique : **0-3 ; 0-2**
Novi Sad – Alkmaar : **0-3 ; 0-0**
Astana – BATE Borisov : **2-0 ; 2-2**
Midtjylland – Osmanlispor : **0-1 ; 0-2**
La Gantoise – Tetovo : **2-1 ; 4-0**
Qabala – Maribor : **3-1 ; 0-1**
Maccabi Tel Aviv – Hadjuk Split : **2-1 ; 1-2 (3 t.a.b. à 4)**
Sassuolo – Étoile Rouge Belgrade : **3-0 ; 1-1**
Beitar Jérusalem – **Saint-Étienne** : **1-2 ; 0-0**
Astra Giurgiu – West Ham : **1-1 ; 1-0**
Arouca – Olympiakos : **0-1 ; 1-2 (a.p.)**
Istanbul Basaksehir – Chakhtior Donetsk : **1-2 ; 0-2**
Trencin – Rapid Vienne : **0-4 ; 2-0**

PHASE DE GROUPES
GROUPE A
15/09/2016 Feyenoord Rotterdam – Manchester United : **1-0**
Zarya Lugansk – Fenerbahçe : **1-1**
29/09/2016 Fenerbahçe – Feyenoord Rotterdam : **1-0**
Manchester United – Zarya Lugansk : **1-0**
20/10/2016 Manchester United – Fenerbahçe : **4-1**
Feyenoord Rotterdam – Zarya Lugansk : **1-0**
03/11/2016 Fenerbahçe – Manchester United : **2-1**
Zarya Lugansk – Feyenoord Rotterdam : **1-1**
24/11/2016 Fenerbahçe – Zarya Lugansk : **2-0**
Manchester United – Feyenoord Rotterdam : **4-0**
08/12/2016 Zarya Lugansk – Manchester United : **0-2**
Feyenoord Rotterdam – Fenerbahçe : **0-1**

Classement final	Pts	J.	G.	N.	P.	Bp.	Bc.	Diff.
1. Fenerbahçe	13	6	4	1	1	8	6	+2
2. Manchester United	12	6	4	0	2	12	4	+8
3. Feyenoord Rotterdam	7	6	2	1	3	3	7	-4
4. Zarya Lugansk	2	6	0	2	4	2	8	-6

GROUPE B
15/09/2016 Young Boys Berne – Olympiakos : **0-1**
APOEL Nicosie – Astana : **2-1**
29/09/2016 Astana – Young Boys Berne : **0-0**
Olympiakos – APOEL Nicosie : **0-1**
20/10/2016 Young Boys Berne – APOEL Nicosie : **3-1**
Olympiakos – Astana : **4-1**
03/11/2016 FC Astana – Olympiakos : **1-1**
APOEL Nicosie – Young Boys Berne : **1-0**
24/11/2016 FC Astana – APOEL Nicosie : **2-1**
Olympiakos – Young Boys Berne : **1-1**
08/12/2016 APOEL Nicosie – Olympiakos : **2-0**
Young Boys Berne – Astana : **3-0**

Classement final	Pts	J.	G.	N.	P.	Bp.	Bc.	Diff.
1. APOEL Nicosie	12	6	4	0	2	8	6	+2
2. Olympiakos	8	6	2	2	2	7	6	+1
3. Young Boys Berne	8	6	2	2	2	7	4	+3
4. Astana	5	6	1	2	3	5	11	-6

GROUPE C
15/09/2016 Anderlecht – Qabala : **3-1**
Mayence – **Saint-Étienne** : **1-1**
29/09/2016 Qabala – Mayence : **2-3**
Saint-Étienne – Anderlecht : **1-1**
20/10/2016 Mayence – Anderlecht : **1-1**
Saint-Étienne-Qabala : **1-0**
03/11/2016 Qabala – **Saint-Étienne** : **1-2**
Anderlecht – Mayence : **6-1**
24/11/2016 Qabala – Anderlecht : **1-3**
Saint-Étienne – Mayence : **0-0**
08/12/2016 Anderlecht – **Saint-Étienne** : **2-3**
Mayence – Qabala : **2-0**

Classement final	Pts	J.	G.	N.	P.	Bp.	Bc.	Diff.
1. Saint-Étienne	12	6	3	3	0	8	5	+3
2. Anderlecht	11	6	3	2	1	16	8	+8
3. Mayence	9	6	2	3	1	8	10	-2
4. Qabala	0	6	0	0	6	5	14	-9

GROUPE D
15/09/2016 Maccabi Tel Aviv – Zénith Saint-Pétersbourg : **3-4**
AZ Alkmaar – Dundalk : **1-1**
29/09/2016 Dundalk – Maccabi Tel Aviv : **1-0**
Zénith Saint-Pétersbourg – AZ Alkmaar : **5-0**
20/10/2016 Dundalk – Zénith Saint-Pétersbourg : **1-2**
AZ Alkmaar – Maccabi Tel Aviv : **1-2**
03/11/2016 Maccabi Tel Aviv – AZ Alkmaar : **0-0**
Zénith Saint-Pétersbourg – Dundalk : **2-1**
24/11/2016 Zénith Saint-Pétersbourg – Maccabi Tel Aviv : **2-0**
Dundalk – AZ Alkmaar : **0-1**
08/12/2016 AZ Alkmaar – Zénith Saint-Pétersbourg : **3-2**
Maccabi Tel Aviv – Dundalk : **2-1**

Classement final	Pts	J.	G.	N.	P.	Bp.	Bc.	Diff.
1. Zénith Saint-Pétersbourg	15	6	5	0	1	17	8	+9
2. AZ Alkmaar	8	6	2	2	2	6	10	-4
3. Maccabi Tel Aviv	7	6	2	1	3	7	9	-2
4. Dundalk	4	6	1	1	4	5	8	-3

GROUPE E
15/09/2016 Viktoria Plzen – AS Rome : **1-1**
Astra Giurgiu – Austria Vienne : **2-3**
29/09/2016 Austria Vienne – Viktoria Plzen : **0-0**
AS Rome – Astra Giurgiu : **4-0**
20/10/2016 AS Rome – Austria Vienne : **3-3**
Viktoria Plzen – Astra Giurgiu : **1-2**
03/11/2016 Austria Vienne – AS Rome : **2-4**
Astra Giurgiu – Viktoria Plzen : **1-1**
24/11/2016 AS Rome – Viktoria Plzen : **4-1**
Austria Vienne – Astra Giurgiu : **1-2**
08/12/2016 Astra Giurgiu – AS Rome : **0-0**
Viktoria Plzen – Austria Vienne : **3-2**

Classement final	Pts	J.	G.	N.	P.	Bp.	Bc.	Diff.
1. AS Rome	12	6	3	3	0	16	7	+9
2. Astra Giurgiu	8	6	2	2	2	7	10	-3
3. Viktoria Plzen	6	6	1	3	2	7	10	-3
4. Austria Vienne	5	6	1	2	3	11	14	-3

GROUPE F
15/09/2016 Rapid Vienne – Genk : **3-2**
Sassuolo – Athletic Bilbao : **3-0**
29/09/2016 Athletic Bilbao – Rapid Vienne : **1-0**
Genk – Sassuolo : **3-1**
20/10/2016 Genk – Athletic Bilbao : **2-0**
Rapid Vienne – Sassuolo : **1-1**
03/11/2016 Athletic Bilbao – Genk : **5-3**
Sassuolo – Rapid Vienne : **1-0**
24/11/2016 Genk – Rapid Vienne : **1-0**
Athletic Bilbao – Sassuolo : **3-2**
08/12/2016 Rapid Vienne – Athletic Bilbao : **1-1**
Sassuolo – Genk : **0-2**

Classement final	Pts	J.	G.	N.	P.	Bp.	Bc.	Diff.
1. Genk	12	6	4	0	2	13	9	+4
2. Athletic Bilbao	10	6	3	1	2	10	11	-1
3. Rapid Vienne	6	6	1	3	2	7	8	-1
4. Sassuolo	5	6	1	2	3	9	11	-2

GROUPE G
15/09/2016 Standard de Liège – Celta Vigo : **1-1**
Panathinaïkos – Ajax Amsterdam : **1-2**
29/09/2016 Celta Vigo – Panathinaïkos : **2-0**
Ajax Amsterdam – Standard de Liège : **1-0**
20/10/2016 Standard de Liège – Panathinaïkos : **2-2**
Celta Vigo – Ajax Amsterdam : **2-2**
03/11/2016 Ajax Amsterdam – Celta Vigo : **3-2**
Panathinaïkos – Standard de Liège : **0-3**
24/11/2016 Ajax Amsterdam – Panathinaïkos : **2-0**
Celta Vigo – Standard de Liège : **1-1**
08/12/2016 Panathinaïkos – Celta Vigo : **0-2**
Standard de Liège – Ajax Amsterdam : **1-1**

Classement final	Pts	J.	G.	N.	P.	Bp.	Bc.	Diff.
1. Ajax Amsterdam	14	6	4	2	0	11	6	+5
2. Celta Vigo	9	6	2	3	1	10	7	+3
3. Standard de Liège	7	6	1	4	1	8	6	+2
4. Panathinaïkos	1	6	0	1	5	3	13	-10

GROUPE H
15/09/2016 Konyaspor – Chakhtior Donetsk : **0-1**
Sporting Braga – La Gantoise : **1-1**
29/09/2016 Chakhtior Donetsk – Sporting Braga : **2-0**
La Gantoise – Konyaspor : **2-0**
20/10/2016 Konyaspor – Sporting Braga : **1-1**
Chakhtior Donetsk – La Gantoise : **5-0**
03/11/2016 La Gantoise – Chakhtior Donetsk : **3-5**
Sporting Braga – Konyaspor : **3-1**
24/11/2016 La Gantoise – Sporting Braga : **2-2**
Chakhtior Donetsk – Konyaspor : **4-0**
08/12/2016 Sporting Braga – Chakhtior Donetsk : **2-4**
Konyaspor – La Gantoise : **0-1**

Classement final	Pts	J.	G.	N.	P.	Bp.	Bc.	Diff.
1. Chakhtior Donetsk	18	6	6	0	0	21	5	+16
2. La Gantoise	8	6	2	2	2	9	13	-4
3. Sporting Braga	6	6	1	3	2	9	11	-2
4. Konyaspor	1	6	0	1	5	2	12	-10

GROUPE I

15/09/2016 Salzbourg – Krasnodar : **0-1**
Nice – Schalke 04 : **0-1**
29/09/2016 FC Krasnodar- – **Nice** : **5-2**
Schalke 04 – Salzbourg : **3-1**
20/10/2016 Salzbourg – **Nice** : **0-1**
Krasnodar – Schalke 04 : **0-1**
03/11/2016 **Nice** – Salzbourg : **0-2**
Schalke 04 – Krasnodar : **2-0**
24/11/2016 Schalke 04 – **Nice** : **2-0**
Krasnodar – Salzbourg : **1-1**
08/12/2016 Salzbourg – Schalke 04 : **2-0**
Nice – Krasnodar : **2-1**

Classement final	Pts	J.	G.	N.	P.	Bp.	Bc.	Diff.
1. Schalke 04	15	6	5	0	1	9	3	+6
2. Krasnodar	7	6	2	1	3	8	8	0
3. Salzbourg	7	6	2	1	3	6	6	0
4. Nice	6	6	2	0	4	5	11	-6

GROUPE J

15/09/2016 Qarabag – Slovan Liberec : **2-2**
PAOK Salonique – Fiorentina : **0-0**
29/09/2016 Slovan Liberec – PAOK Salonique : **1-2**
Fiorentina – Qarabag : **5-1**
20/10/2016 Slovan Liberec – Fiorentina : **1-3**
Qarabag – PAOK Salonique : **2-0**
03/11/2016 Fiorentina – Slovan Liberec : **3-0**
PAOK Salonique – Qarabag : **0-1**
24/11/2016 Fiorentina – PAOK Salonique : **2-3**
Slovan Liberec – Qarabag : **3-0**
08/12/2016 Qarabag – Fiorentina : **1-2**
PAOK Salonique – Slovan Liberec : **2-0**

Classement final	Pts	J.	G.	N.	P.	Bp.	Bc.	Diff.
1. Fiorentina	13	6	4	1	1	15	6	+9
2. PAOK Salonique	10	6	3	1	2	7	6	+1
3. Qarabag	7	6	2	1	3	7	12	-5
4. Slovan Liberec	4	6	1	1	4	7	12	-5

GROUPE K

15/09/2016 Southampton – Sparta Prague : **3-0**
Inter Milan – Hapoël Beer Sheva : **0-2**
29/09/2016 Hapoël Beer Sheva – Southampton : **0-0**
Sparta Prague – Inter Milan : **3-1**
20/10/2016 Inter Milan – Southampton : **1-0**
Hapoël Beer Sheva – Sparta Prague : **0-1**
03/11/2016 Southampton – Inter Milan : **2-1**
Sparta Prague – Hapoël Beer Sheva : **2-0**
24/11/2016 Sparta Prague – Southampton : **1-0**
Hapoël Beer Sheva – Inter Milan : **3-2**
08/12/2016 Inter Milan – Sparta Prague : **2-1**
Southampton – Hapoël Beer Sheva : **1-1**

Classement final	Pts	J.	G.	N.	P.	Bp.	Bc.	Diff.
1. Sparta Prague	12	6	4	0	2	8	6	+2
2. Hapoël Beer Sheva	8	6	2	2	2	6	6	0
3. Southampton	8	6	2	2	2	6	4	+2
4. Inter Milan	6	6	2	0	4	7	11	-4

GROUPE L

15/09/2016 Villarreal – FC Zurich : **2-1**
Osmanlispor – Steaua Bucarest : **2-0**
29/09/2016 Steaua Bucarest – Villarreal : **1-1**
FC Zurich – Osmanlispor : **2-1**
20/10/2016 Osmanlispor – Villarreal : **2-2**
Steaua Bucarest – FC Zurich : **1-1**
03/11/2016 FC Zurich – Steaua Bucarest : **0-0**
Villarreal – Osmanlispor : **1-2**
24/11/2016 FC Zurich – Villarreal : **1-1**
Steaua Bucarest – Osmanlispor : **2-1**
08/12/2016 Osmanlispor – FC Zurich : **2-0**
Villarreal – Steaua Bucarest : **2-1**

Classement final	Pts	J.	G.	N.	P.	Bp.	Bc.	Diff.
1. Osmanlispor	10	6	3	1	2	10	7	+3
2. Villarreal	9	6	2	3	1	9	8	+1
3. FC Zurich	6	6	1	3	2	5	7	-2
4. Steaua Bucarest	6	6	1	3	2	5	7	-2

Seizièmes de finale : **16-23/02/2017**
Manchester United – **Saint-Étienne** : **3-0** ; **1-0**
PAOK Salonique – Schalke 04 : **0-3** ; **1-1**
Krasnodar – Fenerbahçe : **1-0** ; **1-1**
Olympiakos – Osmanlispor : **0-0** ; **3-0**
Villarreal – AS Rome : **0-4** ; **1-0**
Legia Varsovie – Ajax Amsterdam : **0-0** ; **0-1**
Hapoël Beer Sheva – Besiktas : **1-3** ; **1-2**
Anderlecht – Zénith Saint-Pétersbourg : **2-0** ; **1-3**
Athletic Bilbao – APOEL Nicosie : **3-2** ; **0-2**
Alkmaar – **Lyon** : **1-4** ; **1-7**
La Gantoise – Tottenham : **1-0** ; **2-2**
Borussia M'Gladbach – Fioretina : **0-1** ; **4-2**
Rostov – Sparta Prague : **4-0** ; **1-1**
Ludogorets – Copenhague : **1-2** ; **0-0**
Astra Giurgiu – Genk : **2-2** ; **0-1**
Celta Vigo – Chakhtior Donetsk : **0-1** ; **2-0 (a.p.)**

16 février 2017
Manchester United – Saint-Étienne 3-0
(Mi-temps : 1-0)
Terrain : Old Trafford
Arbitre : Pavel Kralovec (République tchèque)
Spectateurs : 72 000
Manchester United : Romero : Valencia, Bailly, (c.) Smalling, Blind : Fellaini (Lingard, 45e), Pogba : Mata (Rashford, 70e), Martial (Young, 84e), Ibrahimović.
Saint-Étienne : Ruffier : Malcuit, Théophile Catherine, (c.) Perrin, Pogba (Beric, 79e) : Jorginho (Roux, 65e), Veretout, Saivet, Pajot (Selnaes, 72e), Monet-Paquet : Hamouma.
Buts : Manchester United : Ibrahimović (15e, 75e, 88e).
Avertissements : Manchester United : Martial (47e), Herrera (58e), Lingard (67e), Pogba (71e) ; Saint-Étienne : Pajot (64e).

22 février 2017
Saint-Étienne – Manchester United 0-1
(Mi-temps : 0-1)
Terrain : stade Geoffroy-Guichard
Arbitre : Deniz Aytekin (Allemagne)
Spectateurs : 41 492
Saint-Étienne : Ruffier : Malcuit, Théophile Catherine, (c.) Perrin, Pogba (Beric, 79e) : Hamouma, Veretout (Lemoine, 68e), Saivet (Jorginho, 54e), Pajot, Monet-Paquet : Beric (Roux, 59e).
Manchester United : Romero : Young, Bailly, (c.) Smalling, Blind : Pogba, (c.) Carrick (Schweinsteiger, 62e), Fellaini : Mkhitaryan, Ibrahimović, Mata (Rojo, 64e).
Buts : Manchester United : Mkhitaryan (16e).
Avertissements : Lyon : Malcuit (84e) ; Manchester United : Bailly (60e).
Exclusion : Manchester United : Bailly (63e).

16 février 2017
Alkmaar – Lyon 1-4
(Mi-temps : 0-2)
Terrain : AFAS Stadion
Arbitre : Bobby Madden (Écosse)
Spectateurs : 16 098
Alkmaar : Krul : Luckassen, (c.) Eijden, Wuytens, Haps : Rienstra, Jahanbakhsh, Seuntjens (Van Overeem, 74e) : Bel Hassani, Weghorst (Friday, 65e), Tankovic (Garcia, 65e).
Lyon : Lopes : Jallet, Mammana, Diakhaby, Rybus : Tousart (Ferri, 67e), Gonalons, (c.) Darder (Aouar, 84e), Tolisso : Fekir, Lacazette (Cornet, 66e).
Buts : Alkmaar : Jahanbakhsh (68e) ; Lyon : Tousart (26e), Lacazette (45e+2, 57e), Ferri (90e+5).
Avertissement : Alkmaar : Jahanbakhsh (66e).

23 février 2017
Lyon – Alkmaar 7-1
(Mi-temps : 4-1)
Terrain : Parc Olympique Lyonnais
Arbitre : Alexei Kulbakov (Biélorussie)
Spectateurs : 25 743
Lyon : Lopes : Rafael, Yanga-Mbiwa, Diakhaby, Jallet : Darder, Tousart (Tolisso, 81e), (c.) Ferri, Tolisso : Ghezzal (Lacazette, 76e), Fekir (Cornet, 66e), Cornet (Aouar, 63e).
Alkmaar : Krul : Johansson, (c.) Vlaar (Van Eijden, 46e), Wuytens, Haps : Luckassen, Jahanbakhsh (Seuntjens, 71e), Rienstra : Bel Hassani, Friday (Weghorst, 77e), Garcia.
Buts : Lyon : Fekir (5e, 27e, 78e), Cornet (17e), Darder (34e), Aouar (87e), Diakhaby (89e) ; Alkmaar : Garcia (26e).
Avertissements : Lyon : Cornet (63e), Jallet (66e) ; Alkmaar : Garcia (45e), Haps (60e).

Huitièmes de finale : **9-16/03/2017**
Olympiakos – Besiktas : **1-1** ; **1-4**
La Gantoise – Genk : **2-5** ; **1-1**
Celta Vigo – Krasnodar : **2-1** ; **2-0**
Rostov – Manchester United : **1-1** ; **0-1**
Lyon – AS Rome : **4-2** ; **1-2**
Schalke 04 – Borussia M'Gladbach : **1-1** ; **2-2**
Copenhague – Ajax Amsterdam : **2-1** ; **0-2**
APOEL Nicosie – Anderlecht : **0-1** ; **0-1**

9 mars 2017
Lyon – AS Rome 4-2
(Mi-temps : 1-2)
Terrain : Parc Olympique Lyonnais
Arbitre : Anthony Taylor (Angleterre)
Spectateurs : 50 588
Lyon : Lopes : Rafael (Jallet, 45e), Mammana (Fekir, 71e), Diakhaby, Morel : Tousart, (c.) Gonalons, Tolisso : Ghezzal (Cornet, 75e), Lacazette, Valbuena.
AS Rome : Alisson : Manolas, Fazio, Juan : Peres, (c.) De Rossi (Paredes, 82e), Strootman, Palmieri : Salah, Dzeko (El Shaarawy, 90e), Nainggolan (Perotti, 85e).
Buts : Lyon : Diakhaby (8e), Tolisso (47e), Fekir (74e), Lacazette (90e+2), Diakhaby (89e) ; AS Rome : Salah (20e), Fazio (33e).
Avertissements : Lyon : Tousart (62e), Jallet (66e) ; AS Rome : Emerson (41e), Manolas (67e).

16 mars 2017
AS Rome – Lyon 2-1
(Mi-temps : 1-1)
Terrain : Stadio Olimpico
Arbitre : Viktor Kassai (Hongrie)
Spectateurs : 50 000
AS Rome : Alisson : Rüdiger, Manolas, Fazio : Peres (El Shaarawy, 59e), (c.) De Rossi (Totti, 84e), Strootman, Rui (Perotti, 76e) : Salah, Dzeko, Nainggolan.
Lyon : Lopes : Jallet, Mammana (Yanga-Mbiwa, 76e), Diakhaby, Morel : Tousart, Tolisso, (c.) Gonalons : Cornet, Lacazette (Fekir, 84e), Valbuena (Rafael, 90e).
Buts : AS Rome : Strootman (18e), Tousard (60e, csc) ; Lyon : Diakhaby (16e).
Avertissements : AS Rome : Manolas (21e), Strootman (38e), Nainggolan (61e), Perotti (89e) ; Lyon : Tousart (28e), Mammana (70e), Gonalons (85e), Lopes (86e).

Quarts de finale : **13-20/04/2017**
Ajax Amsterdam – Schalke 04 : **2-0** ; 2-3 **(a.p.)**
Anderlecht – Manchester United : **1-1** ; **1-2 (a.p.)**
Lyon – Besiktas : **2-1** ; **1-2 (7 t.a.b. à 6)**
Celta Vigo – Genk : **3-2** ; **1-1**

13 avril 2017
Lyon – Besiktas 2-1
(Mi-temps : 0-1)
Terrain : Parc Olympique Lyonnais
Arbitre : Antonio Miguel Mateu Lahoz (Espagne)
Spectateurs : 50 000
Lyon : Lopes : Rafael (Jallet, 53e), Mammana, Diakhaby, Morel : Ghezzal (Cornet, 52e), Fekir, Tolisso, Valbuena : (c.) Lacazette.
Besiktas : Fabricio : Gönul, Mitrovic (Uysal, 64e), Marcelo, Tosic : Babel, (c.) Özyakup (Arslan, 74e), Talisca, Hutchinson, Correia : Tosun (Inler, 87e).
Buts : Lyon : Tolisso (83e), Morel (84e) ; Besiktas : Babel (15e).
Avertissements : Lyon : Rafael (20e), Lacazette (58e), Fekir (67e), Jallet (73e), Valbuena (80e) ; Besiktas : Marcelo (21e), Arslan (83e).

20 avril 2017
Besiktas – Lyon 2-1 (6 t.a.b. à 7)
(Mi-temps : 1-1)
Terrain : Besiktas Arena
Arbitre : Milorad Mazic (Serbie)
Spectateurs : 37 000
Besiktas : Fabricio : Gönul, Mitrovic, Tosic, Correia (Beck, 77e) : Quaresma (Arslan, 117e), (c.) Özyakup (Uysal, 94e), Talisca, Hutchinson, Babel : Tosun.
Lyon : Lopes : Jallet, Nkoulou, Diakhaby, Morel (Rybus, 120e) : Cornet (Fekir, 77e), Tousart, Tolisso, (c.) Gonalons, Valbuena : Lacazette (Ghezzal, 90e).
Buts : Besiktas : Talisca (27e, 58e) ; Lyon : Lacazette (34e).
Tirs aux buts : Besiktas : Babel, Tosun, Hutchinson, Arslan, Talisca, Uysal ; Lyon : Fekir, Tolisso, Ghezzal, Rybus, Valbuena, Diakhaby, Gonalons.
Avertissements : Besiktas : Adriano (29e), Tosic (78e), Gökhan (118e) ; Lyon : Gonalons (32e).

Demi-finales : **4-5/05/2017** ; **11/05/2017**
Ajax Amsterdam – **Lyon** : **4-1** ; **1-3**
Celta Vigo – Manchester United : **0-1** ; **1-1**

3 mai 2017
Ajax – Lyon 4-1
(Mi-temps : 1-1)
Terrain : Amsterdam Arena
Arbitre : Gianluca Rocchi (Italie)
Spectateurs : 52 141
Ajax : Onana : Tete, Sánchez, de Ligt, Riedewald : (c.) Klassen, Schöne (van de Beek, 71e), Ziyech – Traoré, Dolberg (Neres, 88e),

Younes (Kluivert, 79e).
Lyon : Lopes : Jallet (Rafael, 69e), Nkoulou, Diakhaby, Morel (Rybus, 120e) : Cornet (Lacazette, 76e), Tousart (Ghezzal, 58e), Tolisso, (c.) Gonalons, Valbuena : Fekir.
Buts : Ajax : Traoré (25e, 571), Dolberg (34e), Younes, (49e) ; Lyon : Valbuena (66e).
Avertissements : Ajax : de Ligt (30e), Traoré (62e) ; Lyon : Gonalons (41e).

11 mai 2017
Lyon – Ajax 3-1
(Mi-temps : 2-1)
Terrain : Parc Olympique Lyonnais
Arbitre : Szymon Marciniak (Pologne)
Spectateurs : 53 810
Lyon : Lopes : Rafael, N'Koulou, Diakhaby, Morel (Ribus, 74e) : (c.) Gonalons, Tolisso, Cornet, Fékir, Valbuena (Ghezzal, 77e) – Lacazette.
Ajax : Onana : Veltman (Tete, 65e), Sánchez, De Ligt, Viergever : Schöne (Van de Beek, 59e), (c.) Klassen, Ziyech – Traoré, Dolberg, Younes (Kluivert, 82e).
Buts : Lyon : Lacazette (45e, 45e + 1), Ghezzal (81e) ; Ajax : Dolberg (27e).
Avertissements : Lyon : Morel (18e), Tolisso (20e), Diakhaby (48e), N'Koulou (61e), Fékir (61e) ; Ajax : Veltman (49e), Klaasen (50e), Viergever (68e, 84e).

Finale : **24/05/2017**
Ajax Amsterdam – Manchester United : **0-2**

LA SAISON DE L'ÉQUIPE DE FRANCE

1er septembre 2016
France – Italie 3-1 (2-1)
(Mi-temps : 2-1)
Terrain : Bari
Arbitre : Björn Kuipers (Pays-Bas)
Spectateurs : 39 000
Italie : (c.) Buffon (Donnarumma, 46e) –Barzagli (Daniele Rugani, 46e), Astori, Chiellini – Candreva, Parolo, De Rossi (Montolivo, 46e), Bonaventura (Verratti, 66e), De Sciglio (Florenzi, 58e) –Pellè, Eder (Belotti, 75e).
France : Mandada –Sidibé, (c.) Varane, Koscielny (Umtiti, 83e), Kurzawa (Digne, 92e) –Pogba, Kante, Matuidi (Sissoko, 63e) – Griezmann (Dembélé, 63e), Giroud (Gignac, 46e), Martial (Payet, 46e).
Buts : Martial (19e), Giroud (28e), Kurzawa (81e) pour la France ; Pellè (21e) pour l'Italie

6 septembre 2016 (qualif. Coupe du monde 2018)
Biélorussie – France 0-0 (0-0)
Terrain : Borisov
Arbitre : Ovidiu Hategan (Roumanie)
Spectateurs : 13 000
Biélorussie : Gorbunov – Palyakow, Politevich, Korzun, Stasevich (Kryvets, 69e)– Gordeichuk (Volodko, 85e) Sivakov – Majewski, Bordachev, Signevich (Kornilenko 81e) – (c.) Kalachev.
France : Steve Mandanda – Djibril Sidibé, (c.) Raphaël Varane, Laurent Koscileny, Layvin Kurzawa, N'Golo Kante, Paul Pogba, Moussa Sissoko (Ousmane Dembélé, 69e), Antoine Griezmann, Anthony Martial (Dimitri Payet, 57e), Olivier Giroud (Kevin Gameiro, 83e).

7 octobre 2016 (qualif. Coupe du monde 2018)
France – Bulgarie 4-1 (3-1)
(Mi-temps : 3-1)
Terrain : Stade de France **Arbitre** : Luca Banti (Italie)
Arbitre : Luca Banti (Italie)
Spectateurs : 65 000
France : (c.) Lloris –Sagna (Sidibé, 27e), Varane, Koscileny, Kurzawa – Pogba, Matuidi, Sissoko, Payet, Griezmann (Fekir, 83e) – Gameiro (Gignac, 72e).
Bulgarie : Stoyanov – S. Popov, A. Aleksandrov, D. Pirgov, Z. Milanov – M. Aleksandrov (Nedelev, 76e), Kostadinov, G. Milanov, Dyakov (cap.) – I. Popov (Tonev, 68e), Marcelinho (Rangelov, 61e).
Buts : France : Gameiro (23e), Payet (26e), Griezmann (38e), Gameiro (59e) ; Bulgarie : Alexandrov (6e).

10 octobre 2016 (qualif. Coupe du monde 2018)
France – Pays-Bas 1-0 (1-0)
(Mi-temps : 1-0)
Terrain : Amsterdam
Arbitre : Damir Skomina (Slovénie)
Spectateurs : 50 000
Pays-Bas : Stekelenburg – Karsdorp, Bruma, Van Dijk, Blind – (c.) Strootman, Wijnaldum (Dost, 62e), Propper (Willems, 84e) – Promes Depay, 16e), Klaassen, Janssen.
France : (c.) LLoris – Sidibé, Varane, Koscileny, Kurzawa – Pogba, Matuidi, Sissoko, Payet (Martial, 67e), Griezmann (N'Golo Kanté, 90e) – Gameiro (Gignac, 79e).
But : France : Pogba (30e).

11 novembre 2016 (qualif. Coupe du monde 2018)
France – Suède 2-1 (0-0)
(Mi-temps : 0-0)
Arbitre : Milorad Mažić (Serbie)
Terrain : Stade de France
Spectateurs : 80 000
France : (c.) Lloris – Sidibé, Varane, Koscileny, Evra – Pogba, Matuidi, Sissoko, Griezmann (Kanté, 88e), Payet – Giroud.
Suède : Olsen – Krafth, Lindelöf, (c.) Granqvist, Augustinsson – Johansson, Ekdal (Hiljemark, 66e), Durmaz (Jansson, 87e), Forsberg – Guidetti (Thelin, 73e), Toivonen.
Buts : France : Pogba (58e), Payet (65e) ; Suède : Forsberg (54e)

15 novembre 2016
France – Côte d'Ivoire 0-0 (0-0)
Terrain : Lens
Arbitre : Radu Petrescu (Roumanie)
Spectateurs : 38 000
France : Costil – Sidibé (Corchia, 70e), (c.) Varane (Koscileny, 46e), Rami, Digne – Kanté, Pogba (Sissoko, 46e), Rabiot (Lemar, 78e) – Dembélé (Fekir, 46e), Gameiro (Giroud, 63e), Payet.
Côte d'Ivoire : Gbohouo – Aurier, L. Koné, Kanon, A. Traoré – Kessié, (c.) Dié (Angban, 85e), Doukouré (Diomandé, 68e) – Gradel (N. Pépé, 85e), Kodjia (68e), Kalou.

25 mars 2017 (qualif. Coupe du monde 2018)
France – Luxembourg 3-1 (2-1)
(Mi-temps : 2-1)
Terrain : Luxembourg
Arbitre : Andris Treimanis (Lettonie)
Spectateurs : 8 000
Luxembourg : Moris (Schon, 21e) – Jans, Chanot, Pereira, Malget – (c.) Mutsch (Bohnert, 63e), Gerson, Bensi, Philipps, Da Mota Alves (Rodrigues, 81e) – Joachim.
France : (c.) LLoris – Sidibé (Jallet, 62e), Koscileny, Umtiti, Mendy – Kanté, Matuidi (Rabiot, 63e) – Dembélé, Griezmann, Payet (M'bappé, 78e) – Giroud.
Buts : France : Giroud (28e, 77e), Griezmann (38e) ; Luxembourg : Joachim (34e).

28 mars 2017
Espagne – France 2-0 (0-0)
(Mi-temps : 0-0)
Terrain : Stade de France
Arbitre : Félix Zwayer (Allemagne)
Spectateurs : 78 000
France : (c.) LLoris – Jallet, Koscileny, Umtiti, Kurzawa – Kanté, Tolisso (Lemar, 80e), Rabiot (Bakayoko, 46e) – Mbappé (Giroud, 65e), Gameiro (Dembélé, 80e), Griezmann.
Espagne : De Gea – Carvajal, Piqué, (c.) Ramos, Alba (Fernandez, 86e) – Koke (Herrera, 74e), Busquets, Iniesta (Alcantara, 52e) – Pedro (Deulofeu, 67e), Morata (Aspas, 84e), Isco (Silva, 53e).
Buts : France : Silva (68e), Deulofeu (77e)

2 juin 2017
France – Paraguay 5-0 (2-0)
(Mi-temps : 2-0)
Terrain : Rennes
Arbitre : Artur Manuel (Portugal)
Spectateurs : 28 256
France : (c.) Lloris – Sidibé, Koscileny, Umtiti, Mendy (Digne, 67e) – Pogba (Kanté, 46e), Matuidi, Dembélé (Sissoko, 46e), Griezmann (Thauvin, 80e), Payet (Lemar, 46e) –Giroud (Lacazette, 73e).
Paraguay : Silva – Patiño (Samudio, 46e), Gómez, Valdez, Alonso – Ayala (64e), Aguilar, Iturbe (Ramirez, 46e), Romero (Franco, 77e) – E. Benítez (Diaz, 46e), Santander (J. Benítez, 58e).
Buts : France : Giroud (6e, 13e, 69e), Sissoko (76e), Griezmann (77e).

9 juin 2017
Suède – France 2-1 (1-1)
(Mi-temps : 1-1)
Terrain : Stockholm
Spectateurs : 50 000
Arbitre : Martin Atkinson (Royaume-Uni)
Suède : Olsen – Lustig, Lindelöf, (c.) Granqvist, Augustinsson – Johansson, Ekdal (Larsson, 77e), Durmaz (Claesson, 76e), Forsberg – Berg (Guidetti, 89e), Toivonen.
France : (c.) Lloris – Sidibé, Koscileny, Varane, Mendy – Pogba, Matuidi, Sissoko, Griezmann (Mbappé, 75e), Payet (Lemar, 76e) – Giroud.
Buts : Suède : Durmaz (43e), Toivonen (94e) ; France : Giroud (37e).

13 juin 2017
France – Angleterre 3-2 (2-1)
(Mi-temps : 2-1)
Terrain : Stade de France
Spectateurs : 80 000
Arbitre : Martin Davide Massa (Italie)
France : (c.) Lloris – Sidibé (Jallet, 89e), Varane, Umtiti, Mendy (Digne, 21e) – Pogba, Kanté, Dembélé, Lemar Sissoko – Giroud (Koscileny, 52e), Mbappé.
Angleterre : Heaton (Butland, 45e) – Jones (Cresswell, 82e), Stones, Cahill – Oxlade-Chamberlain, Dier, Trippier (Lallana, 76e), Bertrand (Walker, 45e) – Sterling, Alli, Kane.
Buts : France : Umtiti (22e), Sidibé (43e), Dembélé (78e) ; Angleterre : Kane (9e + 48e).

COUPE DES CONFÉDÉRATIONS

Demi-finales : Portugal – Chili 0-0 (0-3 aux t.a.b.) / Allemagne – Mexique 4-1
Finale : Chili – Allemagne 0-1
Match pour la troisième place : Portugal – Mexique 2-1 (a.p.).